# 氷所太平記

HIDOKORO TAIHEIKI

中川興史
Kohshi Nakagawa

風詠社

# まえがき

わが家には「氷所《ひどころ》太平記」と表書きされた数冊の古文書が残っている。この古文書はこれまでにいろいろな曲折を経て今私の手元にある。

最も大きな出来事は、昭和二十九（一九五四）年にわが家が氷所村（京都）を離れて池田市に転宅したときのことであった。これ以上氷所村で農村生活を続ければ、間違いなく逼塞するであろうと思われたとき、そんな農村生活を脱して一家五人で池田市（大阪）へ転宅した。当面の生活に必要な家財道具一式を四トントラックの荷台に積み込んでの出発であった。この家財道具の中には、氷所村での歴史を物語る観音菩薩像を収めた厨子があったし、農村生活では欠かすことができない漬物桶すらも混じっていた。

その当時七百年近い歴史を刻んだ氷所村のわが家には、相当膨大な古文書が残っていたはずであるが、転宅の雑多な家財道具の中にこの「氷所太平記」と「中川家系図」などのわずかな古文書だけが帯同されていた。また「氷所太平記」は、かつて氷所村在住時あるいは転宅後の池田市在住後にも、幾人かから頼まれて貸出されたようであるが、この間に散逸することなく今日まで残っているのが不思議なくらいである。

今回「氷所太平記」を現代語訳するにあたって、いくつかの書き物を調べてみたところ、ところどころにこの古文書が引用された形跡があって、明らかに何人かの目に触れていたことがうかがえる。おおよそ『太平記』とは、南北朝時代を舞台に後醍醐天皇即位の文保二（一三一八）年から貞治六（一三六七）年までの五十年間の軍記物語であるが、「氷所太平記」はこれより二百年以上のちの天正時代からの記録である。「氷所太平記」は先出の『太平記』を意識しながら平和への祈願を込めて表題されたもので、やや戸惑いながらもこの表題を選択したことが記されている。

ところで元来私は古文書などに関心はなかったし、古文書を解読することはできなかった。会社を定年退職したのち、平成二十四（二〇一二）年ころから自叙伝「己事記」の執筆に着手したのだが、この折に私が生誕した氷所村の生活に触れることになった。改めて「氷所太平記」を開いてみたところ、ほとんど解読することはできなかったが、これを引き継いだ者の役割として、どうしても解読しなければならない責務を感じた。

古文書を勉強する方法はいろいろあったが、私は川西市教育委員会の勧めもあって大阪電気通信大学の小田康徳先生が主催する「川西の古文書と歴史に親しむ会」に入会した。ここでは主に江戸時代に書かれた古文書を教材として、奈良県立大学地域創造学部の野高宏之教授の指導を受けて古文書の解読を勉強した。

およそ三年が経った平成二十七（二〇一五）年の秋ごろ、念願の「氷所太平記」の翻字《ほんじ》にとりかかった。翻字とは古文書、写本、板本などに崩し字で書かれた文献を、楷書になおして一般に読める形式にすることであるが、実際の翻字は、経験の乏しい私にとってはかなり難解な仕事であった。今振り返ってみると、翻字の難解さに心が折れそうになることもあったが、「氷所太平記」に書かれた崩し字は比較的癖が少なかったことが幸いし、どうしても読めない文字は原稿用紙の桝目に□印を入れながら作業を継続することができた。パソコンのワードファイルでＡ４の用紙に四百文字の原稿用紙を設定し、キーボードをたたきながら縦書きで翻字をやり終えた。およそ半年間を要した苦闘のすえに、平成二十八（二〇一六）年春にパソコンに入力した一四六ページの翻字をプリントして野高先生に校正をお願いし、やっと「氷所太平記」全文の翻字を完成した。

さて、いよいよ「氷所太平記」の現代語訳に取り掛かるのだが、どのような形でこの古文書をまとめるのかが重要な課題であった。ある郷土史家がまとめた古文書は、単に翻字文をそのまま印刷して出版（翻刻）されたもので、この古文書に関心を持たない人にとっては、とてもとっつきにくい編集になっている。「氷所太平記」を開いた人にとっては、そこに何が書かれているのか、そしてその内容は何を物語っているのかを知ることが最大の関心であろう。翻字して初めて知った郷土の歴史記録について、編集作業の中で工夫を凝らしながら現代語に訳し、できるだけ客観性を失わないように注意したつもりである。

最後に付け加えておきたいのは、「氷所太平記」には一部に差別用語が使われたり、特権的な表現が残されている部分もあるということ。読む人にとっては不愉快に感じることがあるかもしれないが、歴史上の事実として古文書の記録を再現したものであることを理解し受け止めていただけたらと願いたい。

（平成二十八年五月五日）

中川　興史

# 氷所太平記もくじ

# 第一章　古文書「氷所太平記」の概要

古文書とは、広くは「古い文書」を指すが、学問的には、特定の相手に意思を伝えるために作成された近世以前の文書のことである。これに対して、特定の相手に向けたものではない文書、例えば日記や書物などは古記録と呼んで区別される。古文書「氷所太平記」に書かれている内容はそのほとんどが古記録に該当する資料で、主として江戸時代に農村氷所村で起こった出来事を後世に伝えるために記された記録である。

ところで、今日残されている古文書は権利関係の文書が多い。当時、権利関係の文書ばかりが発給されていたのかというとそうではなく、そのような文書は往々にして大事に保管されてきたのに対し、他の文書はほとんど用済み後に廃棄されたことによって生じた結果である。今日でも証書など大事な書類は引き出しや金庫に保管するが、さほど重要でない文書は役割を終えると廃棄されるのと同じである。

古文書の伝送過程を考えると、当時の原本が宛先にそのまま伝わる場合と、下書きが差出人の家に控えとして残る場合がある。また、朝廷や幕府が同じ命令を各地に出す場合や、分家するときに先祖が発給を受けた文書を分家に写しとして分与したり、訴訟で証拠書類を提出するとき、正文をもとに写しを作成することによって残された文書もある。また機能を終えた文書の裏面を利用して写本を行ったり、裏面に草案をしたためたりして廃棄されず、偶然伝世した場合もある。近世社会では紙が資源として貴重な時代であり、反古紙や保管期間を過ぎて役目を終えた古文書が古紙商を通して売却され、表装具などの資源として再利用される「史料のリサイクル」が行われ、再利用された古文書が偶然現存するケースもある。

古文書は主に白紙または灰色の宿紙（薄墨紙）を料紙として作成されているが、廃棄文書の反古紙が転用されることもある。料紙は一枚が縦三〇、横四〇〜五〇センチメートル程度の寸法が一般的で、折り目をつけずにそのまま用いる竪紙のほか、料紙を中心でふたつ折りにした折紙、一枚の料紙を細断した切紙、複数の料紙を張り付いだ継紙などの形式がある。

「氷所太平記」の大きさは縦二七センチメートル、横二一センチメートルの折紙形式で、現代のA4サイズの用紙に近い。「氷所太平記」の形式は、比較的良質な料紙を真ん中で二つ折りにし、両面に崩し字で墨筆されているが、ほぼ全面に一〇ポイント前後の文字で書かれた記録は、当時料紙が貴重品であったことをうかがわせる。さらに二つ折りにした料紙は右側が紙縒《こ よ》りのような紐によって綴じられ、通常の右開きの縦書き文書となっている。明らかに異なる何人かの筆跡を認めることができるし、後日付け加えたと思われる朱書きの部分もあって、再編集されつつ綴られた古記録である。

# 一、古文書の実態

## 一・一　現存する古文書

「氷所太平記」は全部で五巻残されているが、うち二巻は明らかに後世に原本を写本したもので、原本は第一巻から第三巻までの三巻で構成されている。しかし写本された二巻には、原本には記されていない独自の記録もあって、筆写者が新たに追加したと思われる記録もある。

「氷所太平記」は第一巻が二万九千文字、第二巻が一万七千文字、第三巻が一万一千文字で合計五万七千文字ほどの古文書である。一枚の和紙を二つ折にしたおおよそA四サイズの両面に縦書きに崩し字で墨筆されたもので、紙縒りによって片側が綴じられている。

池田市へ転宅したのちに、氷所村のある郷土史家から依頼を受けて「氷所太平記」を貸出したことがあったが、そのとき原本の紙縒り綴じをいったんバラバラに解体してコピーをとり、そのあと改めて新しい紐で綴じたために、綴じ代にかくれて部分的に読めない箇所ができている。古文書のコピーを取るのは、むろん所有者の了解を得ることが前提であるが、写真撮影によって複製することが原則で、古文書を解体することなどはあり得ない。

またあるとき原本の表書きのところに、氷所村の某氏の名前が鉛筆書きされていて（この人を介して村外の方に古文書を貸出したことがあったようなのだが）、古文書を扱う人の常識としては考えられないこのような暴挙もあった。

古文書は長い年月を経て和紙全体が黒ずみ相当傷んではいるが、幸い紙魚《しみ》などによる虫害はほとんどなく、細心の注意を払えば今でも全文を判読することができる。

## 一・二　古文書の形式

古文書は第一巻から第三巻までそれぞれ表紙がついている。

第一巻には「氷所村　天正以来　太平記　壹巻」と記されており、また、表紙の裏面には「この書き物は追々吟味を加えて改めたために、時代、年号が前後している」と端書されている。天正時代とは天正元（一五七三）年に室町幕府が滅び、天正十八（一五九〇）年に豊臣秀吉が小田原城を攻略して天下統一をなし遂げた十六世紀後期の二十年間である。表紙に続いて「氷所村天正以来太平記目録」として、そのうしろに第一号から第六十一号までの目録（目次）が付され、目録ごとの記録が九六ページにわたって記されている。

第二巻には表紙に「氷所村太平記　貳巻目」と記されている。第一巻と同様に第一号から第三十六号までの目録が付され、目録ごとの記録が五二ページにわたって記されている。

第三巻には表紙に「文化以来　太平記　第三巻　中川重義」と記されている。第三巻の表紙には第一巻および第二巻とは異なり、初めて筆者が記されている。第一巻および第二巻を合わせた「氷所太平記」の筆者については改めて後述する。第三巻に記された文化時代とは、文化三（一八〇六）年に江戸で大火があったり、文化七（一八一〇）年には諸国で飢饉が起こったりした、世上不安定な十九世紀初頭の十四年間である。表紙に続いて第一号から第三十二号までの目録が付され、目録ごとの記録が一〇ページにわたって記されている。第三巻は第一巻および第二巻に比べるとページ数は少ないが、そこには、細かく端正な文字で記された記録がみられる。また第三巻の目録には第三十三号、第三十四号、第三十五号の符号がふられているが空白になっており、巻末に六ページほどの空白の和紙が綴じられている。筆者はこの部分に続けて何かの記録を残す意図があったのかもしれない。

# 二、古文書の内容

## 二・一　古文書の時代背景

「氷所太平記」には第一巻から第三巻の中に合わせて一三〇件の記録が記されている。それぞれの記録にはその記録に関連する年代が付されているか、年代を特定できる記載があり、全体の九〇％の一一八件は、その出来事が記された年代を特定することができる。一三〇件の記録は江戸期以前から、明治二十一（一八八八）年までの三百年間余の記録でありその広がりは表1のとおりである。

第一巻の表紙には天正以来と記されており、江戸期以前のかなり古い記録が残されているかもしれないと期待しながら解読してみたが、これ以上の古い記録はあまり多くはなかった。しかも第一巻の巻末にこの古文書が作成されたのは明和四（一七六七）年丁亥《ひのと》年二月と書かれており、氷所村に残されていた江戸期以前の古文書を整理して歴史をさかのぼり記述したものであると推測できる。古文書の解読を指導してくださった小田康徳先生によると、現在残されている古文書の大半は江戸時代以降に書かれたものがほとんどで、紙に記録を残すという文化は江戸時代に開花したものであるそうだ。

**表１「氷所太平記」一三〇記録の年代**

| 時代 | 年号 | 記録件数 |
|---|---|---|
| 江戸以前 | 天正十八（一五九〇）年～ | 八件 |
| 江戸初期 | 文禄元（一五九二）年～貞享四（一六八七）年 | 一四件 |
| 江戸中期 | 元禄元（一六八八）年～天明八（一七八八）年 | 五六件 |
| 江戸後期 | 寛政元（一七八九）年～慶応三（一八六七）年 | 二〇件 |
| 明治初期 | 明治元（一八六八）年～ | 二〇件 |
| その他 | 年代を特定できない記録 | 一二件 |
| | | |
| 計 | | 一三〇件 |

ところで私は以前「氷所太平記」には第四巻があり、古文書を貸出しした際にこの第四巻が戻ってこなかったと聞いたことがあった。もし第四巻があるとすれば、明治中期以降の記録が中心なのだろうが、第一巻から第三巻までの中には第四巻の存在をうかがわせるような記録は一切ない。先に記した二巻の写本を混同して、第四巻があるかのように誤解されたのかもしれない。

## 二・二　古文書に記録された内容

「氷所太平記」に対する最大の関心は、この古記録に残された内容である。一三〇件の記録をいくつかの関連事項ごとに分けてみたところ、一番多いのは「隣村、村内のもめ事と和解」に関する記録で、二九件がこの区分に該当する。

これを細分してみると、「水争い」に関する記録が八件、「山争い」に関する記録が六件、「諍《いさか》いと騒動」に関する記録が一〇件、「土地争い」に関する記録が三件、「和睦と仕置き」に関する記録が二件である。特に隣村との水争いは、死活問題としての用水確保に関連する問題である。耕作していた田地に対して、これに必要な用水は降水量と貯水量では十分賄えなかったことを物語っているし、当時の農村にとってはどの村にも共通した問題だったはずである。この水争いに関してはさらに「悪水」という言葉がたびたび出てくるが、これは大雨のたびに水田や畑から排水できずに作物の生育に害を与えた水であるが、当時用水と排水のための灌漑設備が十分できていなかったことを物語っている。もめ事の記録はこの二九件であるが、文字数、ページ数ともに「もめ事」に関する記録に最も多くの紙面が割かれている。

今私が参加している古文書研究会では、天明七（一七八七）年に改正された「評定所捉書」写しを解読しているのだが、あらゆるもめ事に対して江戸幕府の寺社、町、勘定の三奉行と老中の合議によって決定したのがこの評定所捉である。評定所捉書には「初項の目安裏判」から

「最終項の過料」まで、もめ事に関する裁きがわずか一一六カ条に定められているのだが、当然この掟書に該当しないもめ事や一致しないもめ事なども多数あったはずである。それが隣村および村内のもめ事として記録されているのだと理解する。

二番目に多いのは「村生活と祭礼」に関する記録で、二五件がこの区分に該当する。

これを細分してみると、「家系、血縁」に関する記録が五件、「祭礼」に関する記録が三件、「伊勢講」に関する記録が四件、「家鋪《やしき》」に関する記録が五件、「郷士《ごうし》」に関する記録が一件、「事件」に関する記録が五件、「家門」に関する記録が二件である。これらはまさに日日の農村生活の記録で、背景には当時の封建社会が色濃く描写されている。

三番目に多いのは「神社と寺」に関する記録で、二五件がこの区分に該当する。

これを細分してみると、「神社縁起」に関する記録が四件、「神社の造営」に関する記録が一〇件、「神事」に関する記録が四件、「寺」に関する記録が五件、「仏事」に関する記録が二件である。私が想像していた以上に神社や寺に関する記録が多いが、当時の生活では神社や寺を通して常に神仏に接していることが日々の精神上の支えであったのだろう。

四番目に多いのは「村の設備、施設開発」に関する記録で、一三件がこの区分に該当する。

これを細分してみると、「ため池、河川開発」に関する記録が六件、「荒地開発」に関する記録が二件、「鉱山開発」に関する記録が三件、「村会所、郷蔵の建前」に関する記録が二件である。もめ事のところでも触れたように、当時の重い年貢に対して池や河川を整備し、さらに荒地開発によって米の生産高を増やすことが急務であったことは明らかである。江戸時代には灌漑設備を開発した者には三代にわたって地租を減免したという定めもあり、幕府は農地の開発に特に力を入れていた。

五番目に多いのは「村の収穫高、年貢、地租、検地ならびにご支配」に関する記録で、一一件がこの区分に該当する。

これを細分してみると「村収穫高、年貢、地租」に関する記録が五件、「検地」に関する記録が二件、「ご支配」に関する記録が四件である。「氷所太平記」第一巻の第一号がこの村収穫高とご支配から始まっており、この古文書の解読はこれが一丁目一番地にあたる。氷所村は古検地によって往古より八九二石の生産高であったが、この内二四五石が御殿料として朝廷へ納め、六四七石がお蔵米として幕府へ納める対象であったと記録されている。実際には地租としては生産高に一定の割合、例えば五公五民であれば生産した米の半分を年貢として納めたことになるが、この記録にはなぜか年貢率が記されていない。この当時年貢は村単位に課せられており、個々の農民には耕作面積に応じて庄屋が村年貢を定めて徴収している。詳しくはのちほど記録ごとの解読の中で触れる。

六番目以降では、「御所、直訴」に関する記録が一〇件、「自然災害」に関する記録が六件、そして第三巻を中心に「新時代明治の開花」に関する記録が一一件などとなっている。

翻字を終えて、「氷所太平記」には農村における実に多彩な出来事が記録されているということを知った。

さて、この記録を現代語に訳し解説する方法として、記録を年代順にならべて記すことも一つの方法ではあるが、下手をすると単なる年表になりかねない。少し厄介ではあるが、いくつかの類似した記録を関連事項ごとにわけ、その区分ごとにこの記録を解説する努力をしてみようと思う。この方法であれば本を開いた人にとって一層関心を高めながら「氷所太平記」を理解していただけそうな気がする。

## 二．三　古文書の筆者

「氷所太平記」第一巻の巻末に、「右の箇条書きは当村に古くからある天正年中からの諸書き物を吟味の上あらましを書き出し、氷所太平記と名付けて後日のためにこれを認《したた》めおくものなり、時に明和四丁亥《ひのと》年二月　中川祐介　宗重　花押」とある。さらに第一巻の第五十四号に、中川祐介とは次郎右衛門を改名したと記されているので、筆者は中川次郎右衛門祐介であると断言できる。
わが家の系図に中川**治**郎右衛門という一字違いの人物が記され、まさに明和年間に実在している。野高教授によると江戸時代の古文書には同一人物の名前が異なる漢字で記されている例が数多くあり、この場合の次郎右衛門と治郎右衛門は同一の人物であろうと解明をいただいた。

一方わが家の系図には宗重（写本には重宗と記されている）あるいは祐介という名はなく、この点をどう理解すればいいのか判然としなかった。

後日「氷所太平記」の現代語訳を点検していた折、あとに述べる「第五章　隣村、村内のもめ事と和解」の「一、土地争い」の記録のなかに、中川祐介とは中川治郎右衛門を改名した人で、延宝年間に氷室・幡久両社大明神の石鳥居を建立した人であることを知った。しかし中川家の系図に認められている諱《いみな》は、宗重ではなく重忠である。中川祐介は父中川勝介の長兄で、「一、土地争い」の記録の中に中川勝介の他の子孫とともに実名で記録されている。

古文書「氷所太平記」を解読していく中で、絶えず疑問の中心にあった筆者の中川祐介は、中川家の系図上の中川治郎右衛門であることを確信するとともに、すべての記録が一本の線でつながっていくような気がした。

「氷所太平記」第二巻は筆者に関する説明はなく、しかも明らかに複数人の筆跡でしたためられている。その中には第一巻の筆者である中川次郎右衛門祐介の筆跡も認められるが、第二巻の記録とその筆者には一層難解な経緯があるのかもしれない。

「一．二　古文書の形式」のところでも触れたように、第一巻の表紙の裏面には「この書き物は追々吟味を加えて改めたために、時代、年号が前後している」と注書されているように、第一巻と第二巻は必ずしも年代順に記録されているわけではない。

第三巻は先にも触れたように、表紙に中川重義と記されている。中川重義はわが家の系図に中川重右衛門重直の長男として生まれ、「宝暦九卯年十一月二十三日卒（法号　竹翁宗賢居士）」と記されている。第三巻は第一巻および第二巻とは明らかに筆跡が異なっており、筆者は表書きに記されている中川重義であると理解する。

# 第二章　氷所村の歴史と地誌

氷所村は八木町域にあるが、『図説丹波八木の歴史』（第一巻）によると、八木町域に遺跡が確認され始めるのは弥生時代以降であると記されている。

弥生時代の集落遺跡である諸畑《もろはた》遺跡、池上遺跡、室橋《むろはし》遺跡などは、いくつかの時代にまたがる集落として、その実態が近世の発掘調査によって明らかになりつつある。

律令期に八木町域は丹波国に属していたが、和銅六（七一三）年に丹波国の北部が丹後国となって二つに分かれている。分かれていった丹後国のほうが本来の中心域で、丹波郡丹波郷（現在の京丹後市）の名が国名につけられていたとされる。

丹波国の政治的な中心施設は国府であるが、十世紀にできた『和名類聚抄《わみょうるいじゅしょう》』に丹波国の国府は、桑田郡にあると記されており、平安時代には国府が桑田郡の中心地である亀岡盆地にあったことがうかがえる。原図が十二世紀ころに描かれたとされる「丹波国吉富荘絵図」には、国府を指すと考えられる「国八庁」と書かれた大型の建物が、八木町域の屋賀から亀岡市馬路町池尻のあたりに描かれている。またこの絵図には八木町域の屋賀と観音寺あたりに「在庁等住所」と書かれ、池上に「池上寺在家」、氷所には「氷所寄人等住所」などと書かれた小規模な家屋も描かれている。

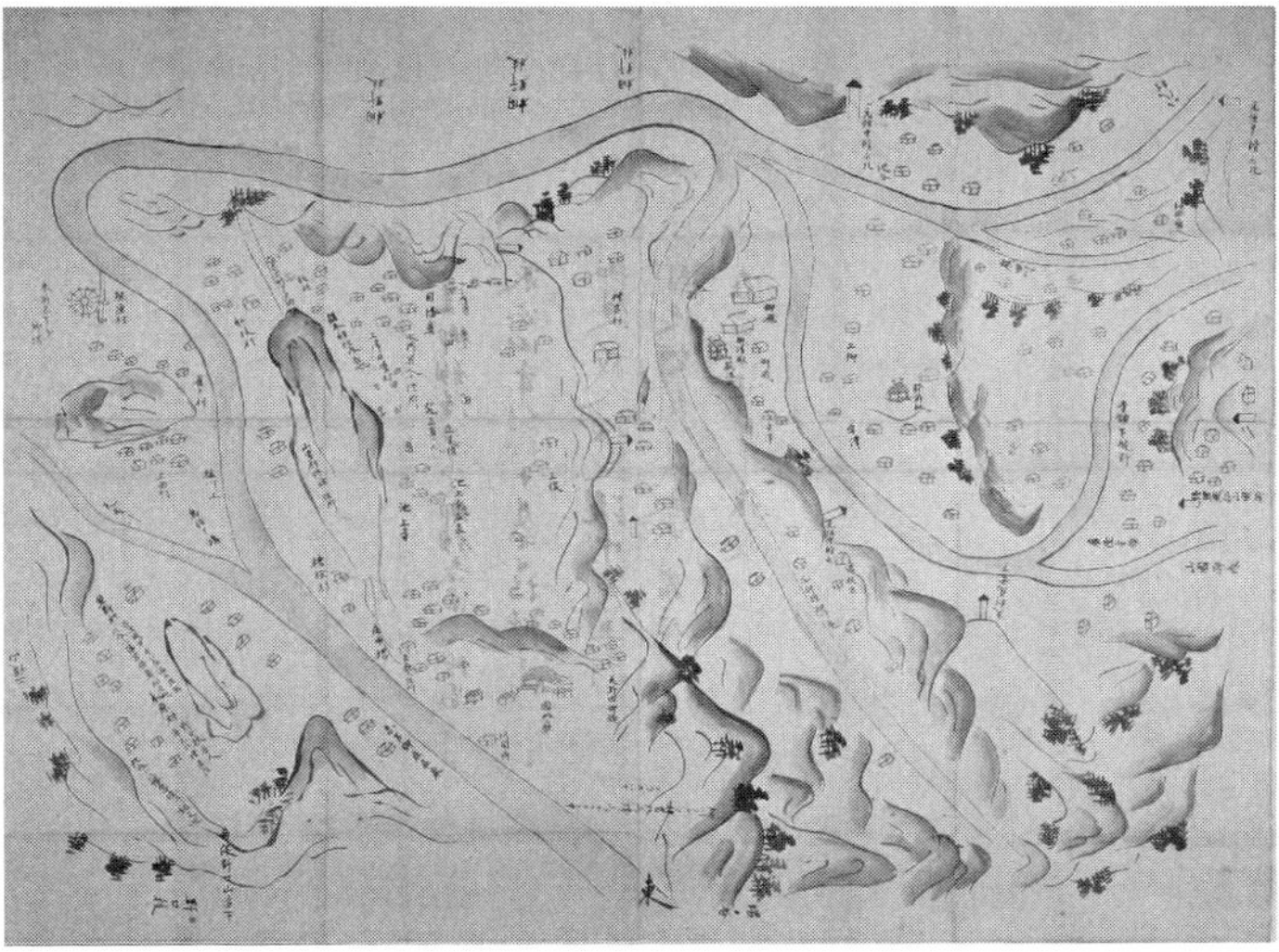

写真１　丹波国吉富荘絵図（個人蔵）（『図説丹波八木の歴史』より）

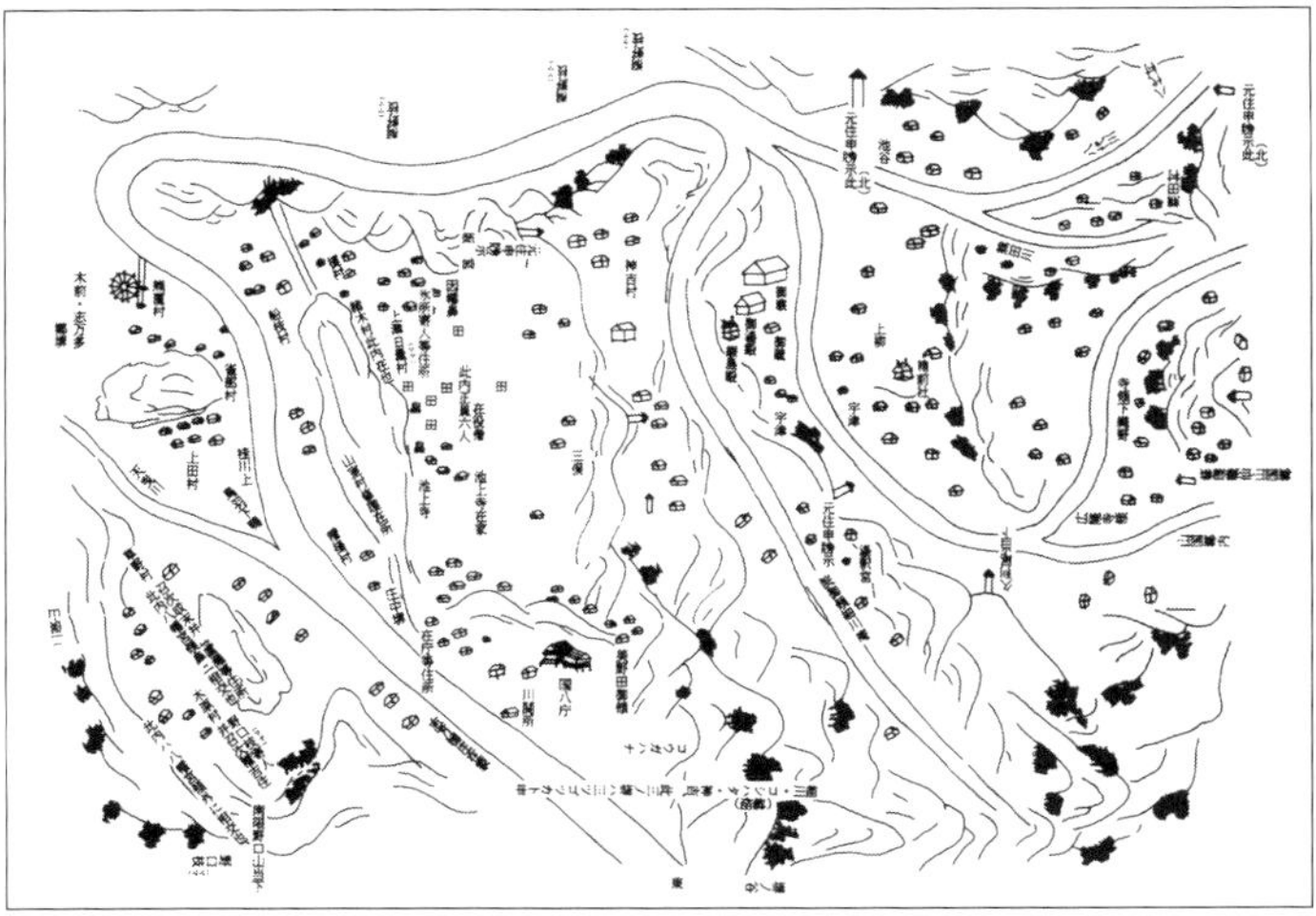

図１　丹波国吉富荘絵図トレース図（『図説丹波八木の歴史』より）

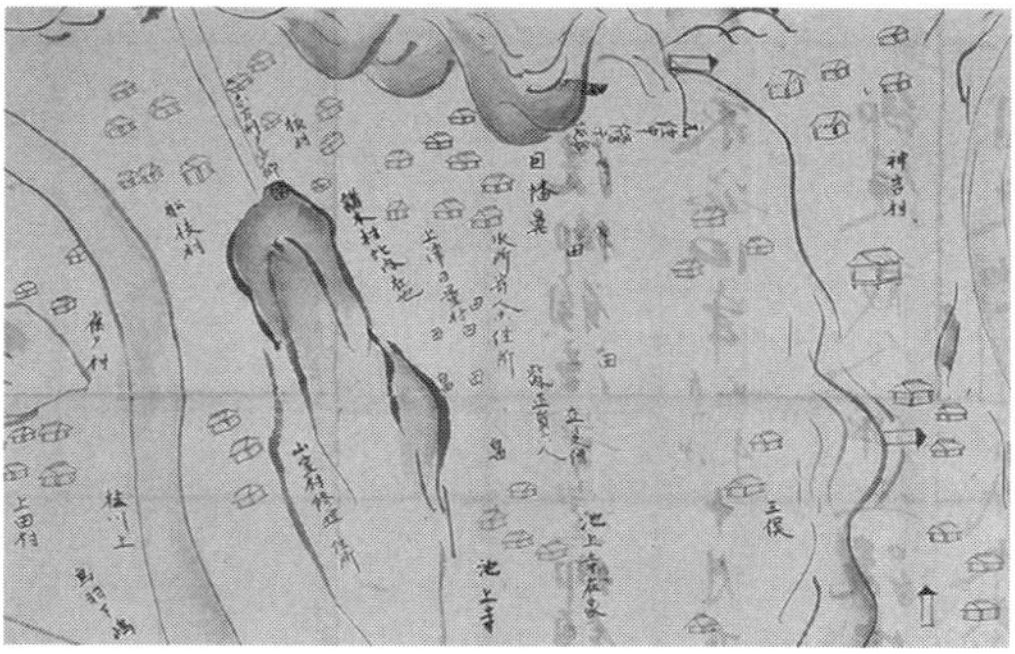

写真２　丹波国吉富荘絵図　氷所寄人等住所部分
（個人蔵）（『図説丹波八木の歴史』より）

写真３　氷所保周辺現況（『図説丹波八木の歴史』より）

氷所村をふくめた八木町域は亀岡盆地の一角にあり、温暖な気候と大堰川によってもたらされる肥沃な土壌によって、想像よりも古くから拓けていたのかもしれない。

八木町域は明治二十二（一八八九）年に成立した五つの近代行政村が昭和二十六（一九五一）年に合併し、さらに昭和三十（一九五五）年に神吉村を合併して成立したものである。五つの近代行政村とは、旧船井郡吉富村、八木村、本庄村、富庄村、新庄村で、最後に加わったのが旧北桑田郡神吉村である。

## 一、氷所村の歴史

先にも触れたが、平成二十六（二〇一四）年十月に自叙伝「己事記」を執筆した折に、氷所村の歴史と地誌について記した。この記述と重複するところはあるが、初めて氷所村に触れる人のためにその歴史と地誌の概略を紹介しておく。

氷所村には神話時代からの歴史を書きつづった古文書が残っている。氷所村の祖神《おやがみ》は古事記や日本書紀に出てくる天児屋根命《あまのこやねのみこと》で、天の岩戸に隠れた天照大御神《あまてらすおおみかみ》ご出座のために祝詞を唱えた神である。わが家の系図にも氷所氏の始祖は藤原姓で、七世紀の中ごろ大化の改新で活躍した鎌足と同様、藤原氏の一族として天児屋根命を祀っていたと記されている。

十五代ほどの神代の神々を経て、第十六代仁徳帝の時代に氷所村の祖として藤原曽丸が丹州桑田郡（現在の南丹市）に住んでいたとされる。さらにそのあと数代を経て大宝三（七〇三）年に福人が舟井・桑田両郡に住し、氷所村の命名にもつながる氷室《ひむろ》造りの祖であるとされる。余談ではあるがこの古文書には、福人なる人物は大宝三（七〇三）年に他界したとき、年齢は百三十二歳であったと記録されているが、こうなってくるとこの古文書自体の信ぴょう性が疑われる。

延暦三（七八四）年、苐屋衆の代に「桓武天皇丹州桑田郡に御狩のとき氷の物ご調進す」という記録、さらに文永六（一二六九）年藤重成の代に「亀山院から六人衆に宣旨が下り、氷の供ご調進奉る」といった記録も残されている。六人衆とは「大宝三年に福人が初めて氷室を造営したおりこれに係った六人の村人で、神傳に残る」と記されている。さらに氷所村には和銅元（七〇八）年に「中谷山から光芒燦として幡のたなびくが如き霊感があり」、氷所明神の名を幡日佐大明神と改め、故宮《ふるみや》（集落の南縁に故宮跡地がある）よりこの地を神域として奉遷したという言い伝えがある。この神域には「氷室の池」という五間四方の池があり、冬季にはここから取り出した氷を氷室に蓄え、毎年旧暦の六月朔日《ついたち》に朝廷へ献上したと伝えられている。

氷所村は八木町域の一角にあるが、八木町の年平均気温は一二・六度であるが、年較差は二三・三度と大きいうえに、最低気温では冬季には三・五度と低く、十二、一、二月は氷点下まで下がるきわめて寒冷の地である。寒中にこの氷を池から取り出し、山に穿った横穴に蓄え、夏場にこれを朝廷に献上していたというのである。

「延喜式」巻四十主水司には、山城（京都府）、大和（奈良県）、河内（大阪府）、近江（滋賀県）、丹波（京都府）の五カ国に設置された氷室十一カ所のうち「丹波国桑田郡池辺一所」が載っているが、この氷室のあった場所が、現在の南丹市八木町神吉村および氷所村に比定される。

先日何十年かぶりにこの幡日佐大明神を訪れた。子供のとき氷所村の秋祭りに行って以来の訪社であった。幡日佐大明神では例年十月二十一日に神功皇后三韓征伐の史実にならい、流鏑馬《やぶさめ》などの古式によって穀物の豊凶を占う神事が行われる。当時氷所村ではすでに稲の取り入れが終り、五穀豊穣への感謝を込めてこの神事が行われていたと記憶している。

写真４　幡日佐・大送秋祭り（流鏑馬）

「氷所太平記」の現代語訳をひととおり書き終えたのを機会に、瑞雲寺の本堂において村の有識者と懇談していくつかの疑問点について意見を伺った。疑問点の一つはここに記した「氷室の池」の所在であるが、この池は本当に幡久大明神（幡日佐大明神の以前の名称）の境内にあったのだろうかという点である。後ほど触れる神社縁起には「亀山院の御代に、例年当村より氷室山の氷を六月朔日に内裏へ捧げたことから、当村を氷所村という」の記録が残されている。加えて「氷室・幡久大明神は元来氷室山と呼び神吉下村にあったが、ただいま氷室大明神の境内にあるのがこれで、氷所村の境内において当村が支配してきた」と記されている。

これらの先記を総合的に考えると、「氷室の池」は幡久大明神の境内にあると考えるのが相当で、冬季にこの池から取り出した氷を氷室に蓄え毎年六月朔日に朝廷へ献上したことに矛盾はない。改めてふれるほどのことではないが、村の有識者からは現在の冬季の気温から推測するとき、幡久大明神の境内において冬季に氷室に貯蔵できるほどの氷が張ったのであろうかという感覚的な意見があった。

## 二、氷所村の地誌

氷所村は大きく見ると亀岡盆地の北西の山麓にある。亀岡盆地は八木町諸畑から日置村を北端とし、亀岡市曽我部町を南端として南北約一〇キロメートル、亀岡市篠町を東端とし、旧八木町八木嶋を西端として東西約三・五キロメートルにおよぶ盆地である。

長さ八三キロメートル、流域面積七七〇平方キロメートルにおよぶ大堰川（桂川の保津川より上流の呼び名）によって運ばれた土砂が堆積して出来上がった平野であるが、周りの山塊に取り囲まれて平らな盆状の地形をなしている。冬季には大堰川から立ち上る朝霧が盆地一帯を濃霧となって覆いつくし、上空から見ると湖いっぱいに乳白色の朝霧が溜まっているような景観をなすことがある。

亀岡盆地には南東から北西に向かって、ＪＲ山陰本線と国道九号線が走り、この鉄道駅周辺

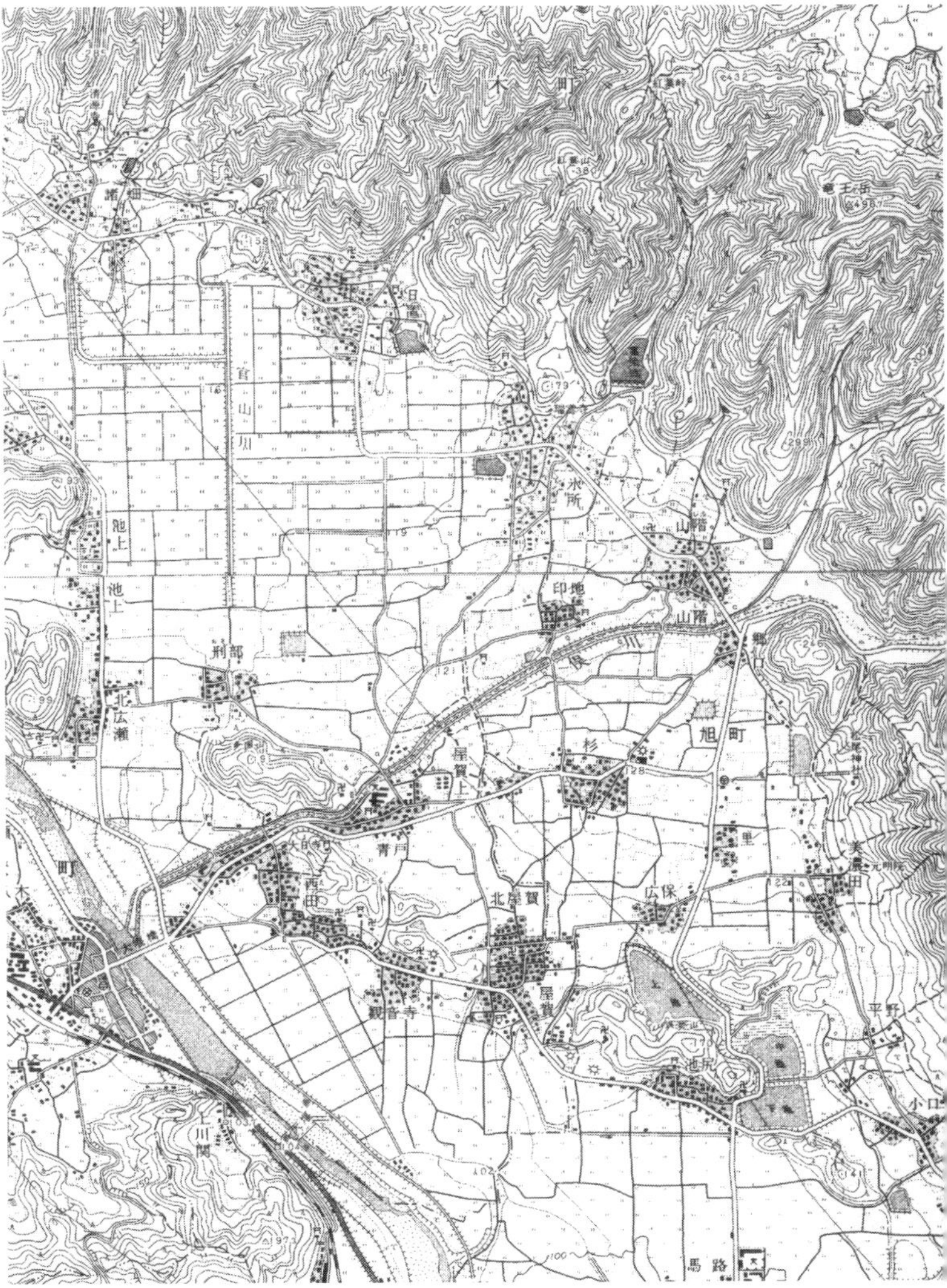


図２　東地区昭和 42 年改測２万 5000 分の１地形図（『図説丹波八木の歴史』より

にはいくつかの町並みがみられるが、大半は田畑に覆われた農村地帯である。亀岡盆地の西側に開けた八木町は大堰川と鉄道との間の町域であるが、氷所村を含めた大堰川の左岸は百軒前後の農村が道路に沿ってぽつぽつと点在している。

この大堰川は八木町付近では平野部を緩やかに流れる清流であるが、いったん上流域に大雨が降ると天井状の堤防を突き崩して、町中を水浸しにする水害を引き起こしてきた。昭和二十八（一九五三）年九月二十五日に台風十三号がこの地域を襲い、大堰川が決壊して死者三人、流失家屋九戸、家屋の全半壊多数という大惨事が起きている。

さて、氷所村は北西の船枝、諸畑および日置村と同様に断層崖から流れる小河川の土石流によってできた扇状地であるが、紅葉山や龍王ケ岳など数百メートルの里山が背後にあって、この山塊に降った雨水が飲料水あるいは農業用水として活用され、かつては山塊から得られる落葉や下草が農業用の肥料や飼料として利用されてきた。私が幼かった当時は、八木駅から氷所村まで約一里（約四キロメートル）ほどの未舗装道路があって、ここを徒歩か自転車で行き来するか、リヤカーなどによって荷駄を運搬していた。やがて昭和三十三（一九五八）年に京都バス会社によって八木駅から氷所村をとおって日置村までの定期バスが運行されるようになったが、そのあと利用客の減少によってこれも廃止の一途をたどることになる。

それでも氷所村は近隣する西の日置村や東の山階《やましな》村に比べると所帯数の大きい集落である。おそらく集落の大きさは耕作する田地の広さとともに、生活と農業を支える用水や里山から得

写真５　池辺郷付近

られる落葉や下草によってその規模が決まっていたように想像する。氷所村は主に紅葉山と龍王ケ岳に降った雨水が細流や伏流水となり、これが生活用水として活用されていたが、雨の少ない年などは井戸水が涸れることがあったし、農業用水が大幅に不足することもあった。

　ここで岩井文男氏が著した『丹波地方に於ける基督教の受容（三）―氷所部を中心として―』から明治初期における氷所村の社会事情を引用してみると、明治十九（一八八六）年の大旱魃を機に灌漑用として富栄池《とみさかいけ》を構築するという記録がある。山ぎわの諸農村と同じように氷所村の上手の山間部に堤防を築いてため池を構築したのである。

　資料によると「此ノ工事タルヤ未曾有ノ工事ニテ、区ハ其ノ負担ニ堪ユル（二）能ハザルヲ以テ、大阪市北区堂島三丁目藤本清兵衛ヨリ金壱千円（ヲ）借リ、猶不足ヲ告ゲタルヲ以テ南桑田郡亀岡銀行ヨリ五百円借用シ、事落着ヲナシ当明治二十年ヨリ明治二十九年迄拾ケ年間、年賦ニテ返済ノ契約ヲナシタリ」と記されている。まさに村の存続をかけた一大事業であったに違いない。

もう少し資料を引用すると、明治五（一八七二）年における村全体の耕作面積は、田地五七町、畑地一四町で、このほかに林地、竹藪、荒蕪地九町などを合わせると村全体では八一町の広さであったと記されている。この少しあと、明治二十一（一八八八）年の土地台帳によると、田地八九町、畑地一三町、宅地九町、原野一町、山林七七町、雑地少々で、これを合計した総面積は一九〇町となり、明治五年の土地台帳に比べると一〇九町分増加しているが、明治五年の戸籍調査とは対象が異なることや、厳密な実測によって浮かびでた土地も計算されているからであろう。

ちなみに氷所村の職業構成は全戸が農業で、わずかに兼業として造酒、絞油、水車、医師、博労などがあったものの、農業以外の専業は見当たらない。農業では米麦の生産が主で、自足的に若干の蔬菜を作っていたようだ。土地の所有に関してはゼロ所有者が全体の三七％、十五歩前後が二〇％、五反以下が一五％、五反以上が二九％で、このうち二町以上の所有者が全体の九％にあたると記されている。同氏の言葉を借りると、概括的にみると貧農六〇％、中農三〇％、富農一〇％で、村全体とすればこの時代の比較的平均的な農村形態を保持していたと見られぬこともないと評されている。

明治五年の戸籍調によると、戸籍数は一一七戸、人口四九九人（男二五七、女二四二）であったが、現在は平成二十八（二〇一六）年二月の調査によると、戸籍数は一三六戸、人口三五七人（男一六六、女一九一）である。戸籍数は若干増加しているように見えるが、人口は逆に減り一戸当たりの人口は三・九人から二・六人に減少して、ここでも核家族化と老齢化が進んでいる。周辺の日置村や刑部村に比べると戸籍数においても人口においても、依然として最大の集落ということができる。

農村の形態における最大の変化は、農地は圃場整備事業によって整然と区画され、この矩形田地の間に灌漑用の水路と農道が直線的に整備されていることである。

古くは農耕牛を使役し、耕作から収穫まですべての生産を人力によって賄っていたが、今やすべての生産工程は機械化されて、誰もが想像さえできなかった大変貌をとげている。

# 第三章　村の収穫高、年貢、地租、検地ならびにご支配

この章には氷所村の収穫高（生産高）と、これに伴う年貢ならびに土地を対象に賦課された租税と検地についての記録をまとめた。

『日本大百科全書』の「年貢」の項目「室町・戦国期の年貢」から、飯沼賢司氏の解説によると、古く南北朝期以降の年貢は守護請の進行によって守護大名に横領されるようになると書かれている。一方、畿内近国では、惣《そう》とよばれる自治的組織が主体となって年貢を請負い、荘園領主が直務支配を行うケースもあったという。戦国期には、戦国大名の領国形成の過程で、守護権は大名権力のなかに吸収され、惣は、土豪や地侍の被官化によって、大名権力によって組織される方向に進んだ。

江戸時代に入ると、年貢は百姓階級に義務づけられて、農業生産物による現物献納の時代に変わっていく。ただし年貢は、当時の人口の大部分を占める百姓に賦課されたという意味からも、幕藩制国家の経済的基盤をなす租税としての性格があり、百姓の負担のなかではむしろ諸「役」以上に重要な義務と規定されていた。

年貢には、正租としての本途物成《ほんとものなり》と、雑租としての小物成《こものなり》との区別があった。本途物成は、

田畑屋敷地に対して賦課され原則として米納であったが、百姓の要求により漸次金納へ移行する傾向にあった。小物成は、山林、原野、河海などの用益に対して賦課され、比較的早い段階で金納化されていた。

近世の年貢収取体制の基本原則をつくりあげたのは、全国統一を成し遂げた豊臣秀吉で、圧倒的な軍事力を背景として度量衡を統一し、全国規模での太閤検地を実施した。その意図は、田畑の実際の耕作者を名請人（所持者）として直接に掌握し、中世以来の重層的な中間搾取の体系を排除することと、田畑一筆ごとに畝歩《せぶ》（面積）と石盛《こくもり》（反当り収量）を測定し、石高（畝歩に石盛を掛けたもの）という全国共通の年貢の賦課基準（石高制）をつくりだすことにあった。そのうえで、年貢賦課率を持高の三分の二（二公一民）と公定したが、これは、実際の年貢率というよりも、秀吉の国家構想における新たな年貢規定に伴うきわめて観念的な数値と理解される。

むしろこれを具体化したのは徳川家康で、「百姓は、死なぬ様に生きぬ様に」として、全剰余労働部分の搾取を原則とした。近世前期に広範にみられた徴租法である畝引検見法《せびきけみほう》は、年貢量をその年々の豊凶によって調整することができ、より精密に百姓階級の全剰余労働部分を収奪するものであった。また、幕府の享保の改革においては、一時増徴を目ざして石盛にかかわりなく年貢を賦課できる有毛《ありげ》検見法が試みられた。これに対し、百姓の生産力拡大の努力の成果たる剰余労働部分を確保しようとする対領主闘争は百姓一揆となり、その結果、藩領ではおおおむね享保期（一七一六〜三六）、そして幕領でも宝暦期（一七五一〜六四）に年貢量は頭打ちになった。こうした状況に対応した徴租法として、近世後期には定免法《じょうめんほう》が一般化した。

年貢収取の方法は、近世初期には村共同体として請ける村請と並んで、有力な土豪による個人請が混在していたとみられるが、初期幕藩体制の危機としての寛永の飢饉下で相次いで出された幕府農政法令において後者は否定され、年貢の村請制が体制的に確立された。村請制とは、領主が村に対し年貢の村総量を賦課するにとどまり、村の内部での個別百姓の勘定には介入しない体制である。この村請制が民衆支配に対してもつ意味は、年貢未進が出た場合、村共同体の連帯責任において未進を補填させられることであるが、さらに年貢負担に対する百姓の不満が、年貢勘定をめぐる村方騒動となり、それにより不満が直接幕藩領主に向かうのをそらすという機能ももっていたとされる。

ところで、江戸時代の村役人について理解する必要があるが、一般には村方《むらかた》三役、地方《じかた》三役とも呼ばれていた。これらの村役人は代官や郡奉行の指揮を受け、村落の管理運営にあたる者であった。地域、時代により名称は種々であるが、通常幕領では名主（庄屋、肝煎）、組頭（年寄、脇百姓）、百姓代（長百姓）を村方三役と称した。

まず名主は、一村の総括責任者で、通常は一村一名が原則であるが、一方で一給一名主であったから氷所村のような相給の村では、領主の支配別に一村内に複数名の名主がいる場合があり、これを相名主といった。複数人の名主とこれに支配される農民たちは、同じ農村にありながらまるで別々の在所に分割されているかのようで、氷所村においてもこれがいろいろな対立の引き金になることが見受けられた。名主の選任は領主により家格によって任命される場合が多かったが、年番交替や、農民の入札制によるなどさまざまであったという。農民側が選任する場合も領主の許可を必要とした。普通、関東では名主といい、関西では庄屋と呼んでいた。名主は、一村を代表して、村の運営、対外交渉、対領主交渉にあたる農民側の代表であるとともに、年貢の徴収、農民の統制にあたる場合は、領主側支配の末端職でもあり、その地位は二面性をもっていたが、どちらかといえば後者の側面が強かったと思われる。したがって初期の百姓一揆では、一村を代表して領主へ出訴するなど農民の代表者としての性格がみられたが、後期の一揆では、下層農民によって打毀《うちこわし》を受けたり、村方騒動によってその責任を追及され地位を追われることも多かった。

次に組頭は、本来五人組の頭であったという説もあるが、村役人としては五人組と関係なしに任命されていた。通常一村を数組に分け、その各組の頭として農民の中から選任されることが多かったようである。その選任方法は、農民の推薦または入札が一般的であったが、その場合でもやはり領主による許可を必要とした。その役目は、名主を補佐して村政を担当し、名主欠役の場合にはその地位を代行するとともに、組下の年貢の賦課・徴収を行い、農民の支配にあたることにあった。したがってその地位はやはり名主とともに、領主支配の末端的性格が強かった。組頭は、地方によっては年寄、長百姓《おとな》などと称することもあった。

最後に百姓代であるが、これは一村の百姓を代表して、名主、組頭の村政を監視し、農民の意見を村政に取り次ぐ地位で、一村一名が農民の推薦によって選ばれるのが普通であるが、村によっては数名が選任される場合もあった。その地位は、名主、組頭と比べて、より農民の代表としての性格が強かったが、村役人として、名主、組頭とともに公的な性格をもち、村政の一端を担っていたことから、やはり領主支配の末端的性格を免れなかった。

ところで、こうした村方三役に代表される村役人は、中世後期の郷村制において、農民の代表として選任された番頭《ばんがしら》、肝煎《きもいり》、沙汰人《さたにん》などにその本来の起源をもち、もともと農民の代表として村政を運営する役として設定されたと考えられる。しかし、近世社会が確立する過程で、村落は領主の支配組織として編成されていき、それに伴い、村役人の地位も農民の代表を兼ねながらも、より領主の村落支配を代表する地位として編成されていった。したがって兵農分離体制の下では、領主が村落を支配していくうえで、もっとも重視したのが村役人であり、またその支配のあり方が村落の動向に大きな影響を与えた。その制度は、江戸初期には、村方三役としてかならずしも完全には制度化されていなかったと考えられるが、幕藩体制の確立に伴い村落体制の整備とともに、その地位も機能も制度化されていったとみられる。ただ体制確立後も、大名領などでは百姓代を置かない藩もあり、三役の機能にもかなり多様性がみられた。また江戸後期に、村落体制の変動とともに、その地位や機能にも変化がみられ、農民の意向が反映されるようになり、領主の側でも村落体制の再編成のために村役人の地位の再編、強化を図

る動きがみられた。（児玉幸多著『近世農民生活史』一九五七年／吉川弘文館より）

ここからは「氷所太平記」に記された古記録の現代語訳であるが、編集では目次に該当する第一巻第一号の記録を一－一と表す。なお原文から引用した目次および文章は太字で表し、現代語訳のために付加した文章と区別した。

## 一、村の収穫高、年貢、地租

**一－一「当村高附御本所代替り之事」**

一－一号には**当村の生産高としての表高**（一般に石高と呼ぶ）が記録されている。

豊臣政権が天正から文禄年間にかけて行った検地によって（天正五〈一五七七〉年と文禄五〈一五九六〉年の二度にわたって行われた検地は通常「古検地」と呼ばれている）、**当村の石高は八九二石で、明神棟札にこの記録が残されている**と記されている。ちなみに氷所村のこの石高は元禄期、天保期さらに明治元（一八六八）年に行われた検地においても変わっていないし、八木地域三二カ村の中では八木村に次いで二番目の村高であった。

**この石高のうち二四五石が御殿料として、代官川勝右近尉の支配によって京都御所へ納めら**

れ、六四七石が幕府直轄領として天正十九（一五九一）年に給地人山口玄番（給地とは領主である主君が家臣・被官に与えた土地、もしくはその土地の支配権のこと）へ納められていたと記されている。一つの村が大名領、寺社領、旗本領、禁裏領、公家領などに分割され、二つ以上の領主へ年貢を納めた制度を「相給」または「入組」支配という。氷所村は仙洞《せんとう》領としての禁裏領であると同時に幕府領でもあり相給の村であった。仙洞とは本来仙人の住み処をいう。そこから転じて退位した天皇（上皇・法皇）の御所をいい、さらに転じて上皇・法皇の異称としても使われた。

一つの村が異なった領主によって支配されれば領主数に応じて分村され、それぞれが独立した「村」ということになり、年貢も諸役も個々に賦課徴収され、個別にそれぞれの領主に仕えることになる。氷所周辺の村では、日置村は仙洞領としての禁裏領と幕府領、青戸村は亀山領と林社家領、西田村は幕府領と愛宕社家領などいずれも相給の村であった。

丹波地域、特に八木地域では仙洞および准后《じゅごう》などの禁裏や公家領が多く、寺社領、旗本領などの小規模な知行地もあるが、京都近郊という地理的要因もあって、石高制による知行宛行《あてがい》の影響を受けている。

一般に所領ごとに年貢は石高に対して年貢高としての定率が決まっていた。年貢徴収法については後述するが、一－一号にはなぜか年貢高は記されていない。あまり古い資料を確認できないが、幕府領の年貢率として氷所近在の野条村の資料によると、江戸時代初期寛文十（一六

表２　八木地域の大名領・知行所の配置と村々（『図説丹波八木の歴史』より）

| 村名 | 古石高 | 「古新高附」 | 元禄郷帳 | 天保郷帳 |
|---|---|---|---|---|
| 園部藩領 | 石 | 石 | 石 | 石 |
| 八木村 | 1149.864 | 1200.000 | 1149.864 | 1215.4438 |
| 柴山村 | 93.836 | 94.315 | 93.836 | 95.187 |
| 南広瀬村 | (69.516) | (154.638) | 207.870 | 209.744 |
| 大藪村 | 110.000 | (110.000) | 110.000 | 233.728 |
| 八木島村 | 524.043 | 528.6132 | 477.890 | 545.1692 |
| 鳥羽村 | 189.890 | 218.7445 | 189.890 | 220.8945 |
| 玉井村 | 369.660 | 471.847 | 369.660 | 474.307 |
| 室河原村 | 133.574 | 193.329 | 133.574 | 201.903 |
| 池之内村 | 92.718 | 137.181 | 92.718 | 142.098 |
| 神田村 | 97.530 | 158.258 | 115.9885 | 180.410 |
| 広垣内村 | 55.087 | 106.798 | 60.5465 | 112.583 |
| 雀部村 | 48.213 | 86.368 | 50.345 | 91.571 |
| 室橋村 | 508.326 | 629.494 | 508.313 | 632.651 |
| 畑中村 | — | 273.1625 | 258.974 | 274.1625 |
| 舟枝村 | 469.315 | 474.736 | 469.315 | 480.331 |
| 亀山藩領 | | | | |
| 木原村 | | | 203.978 | 231.041 |
| 観音寺村 | | | 232.5 | 235.6376 |
| 青戸村 | | | 198.3 | 198.566 |
| 屋賀村 | | | 327.96 | 331.5298 |
| 北広瀬村 | | | 209.93 | 237.226 |
| 刑部村 | | | 266.95 | 282.264 |
| 篠山藩領 | | | | |
| 西田村 | | | 459.72 | 459.656 |
| 野条村 | | | 389.5 | 533.355 |
| 神吉上村 | 420.260 | | 533.355 | 388.6717 |
| 神吉和田村 | | 212.18 | 250.9353 | 249.5313 |
| 幕領・相給 | | | | |
| 西田村 | | | 459.72 | 459.656（393.740） |
| 大芝原新田 | | | | 20.568 |
| 日置村 | | | 643.8 | 645.113 |
| 氷所村 | | | 892.279 | 892.279 |
| 池上村 | | | 275.61 | 114.086 |
| 諸木村 | | | 114.086 | 272.5695 |
| 旗本武田領 | | | | |
| 神吉下村 | | | 574.3235 | 574.3235 |

備考:『元禄郷帳』『天保郷帳』および「園部御領分古新高附」(『園部町史』史料編Ⅱ)『亀岡市史』による。
畑中村は幕府領であったが元禄11年から園部藩領、観音寺村は准后領・下鴨社領と相給、青戸村は社家林主馬料と相給、西田村は幕府領、元禄11年より篠山藩、便宜上双方に掲示、なお幕領のときから愛宕社領65石980と相給、野条村も幕府領から篠山藩、神吉上村は准后領と相給、日置村は准后・旗本領と相給、氷所村は仙洞領と相給、池上村も後に篠山藩領、諸木村は准后領と相給。武田氏領は『寛政重修諸家譜』による。

表３　東地区諸村の村高（『図説丹波八木の歴史』より）

（単位：石）

| | 元禄期 | 天保期 | 明治元年 |
|---|---|---|---|
| 青　戸　村 | 198.300 | 198.566 | 198.300 |
| 西　田　村 | 459.720 | 459.656 | 459.657 |
| 大芝原新田 | − | 20.586 | 20.586 |
| 観 音 寺 村 | 232.500 | 235.638 | 228.460 |
| 屋　賀　村 | 327.960 | 331.530 | 329.009 |
| 氷　所　村 | 892.279 | 892.279 | 892.279 |
| 日　置　村 | 643.800 | 645.113 | 643.800 |
| 刑　部　村 | 266.950 | 282.246 | 282.246 |
| 北 広 瀬 村 | 209.930 | 237.266 | 237.928 |
| 計 | 3231.439 | 3302.880 | 3292.265 |

資料「元禄丹波国郷帳」・「天保丹波国郷帳」・『旧高旧領取調帳』

表４　相給村と所領高内訳（元禄 11 年）（『図説丹波八木の歴史』より）

| 村名 | 村高 | 相給内訳 |
|---|---|---|
| 観音寺村 | 232.500 | 准后領 160.　亀山領 38.<br>上賀茂領 25. 下鴨社領 10. |
| 西田村 | 459.720 | 幕府領（後篠山領）　愛宕社家領 |
| 青戸村 | 198.300 | 亀山領 198.000　社家林主馬 0.300 |
| 日置村 | 643.800 | 仙洞領　准后領　幕府領 |
| 氷所村 | 892.279 | 仙洞領 233.　幕府領 |
| 池上村 | 275.610 | 安永期に准后領 100. |
| 野条村 | 389.500 | 幕府領 125.　准后領 259. |
| 神吉上村 | 533.355 | 篠山藩領　幕府領 388.6717 |

備考：単位は石。

七〇）年の年貢率は六四％ほど、江戸時代後期天保十四（一八四四）年には同じく六二％程度である。しかしこの間、天明期（一七八一～八九）には災害や飢饉によって年貢率は乱高下しているが、幕末期においては年貢率が上昇する傾向がみられる。なお年貢および諸役の賦課および納入は村請制で、領主が村単位に免状を下付し、村として年貢を納める方式がとられていた。村請制では村の庄屋ら三役と高持百姓（高請地を所持し検地帳に登録された農民。本百姓ともいう）によって、寄合を決議機関として自主的、自立的に運営することが任されていたので、領主が村政へ直接関与することは少なかった。領主は毎年の作柄調査（検見《けみ》）の時期に村方へ入るだけで、むやみに村方へ入ることもなかった。

さらに一－一号には**幕府直轄領は、天正十九（一五九一）年より山口玄番の知行地になり、そ**

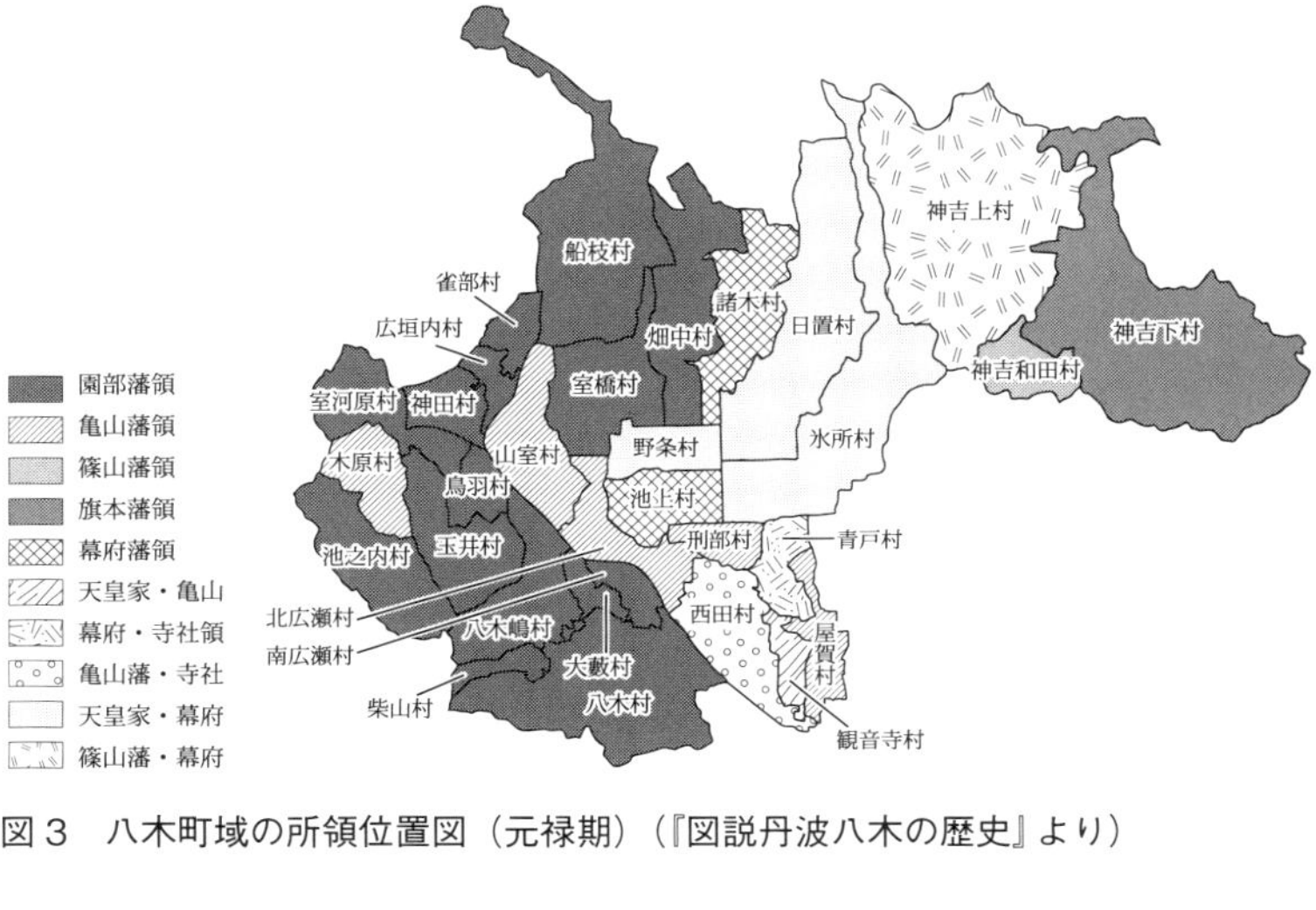

図３　八木町域の所領位置図（元禄期）（『図説丹波八木の歴史』より）

のあと慶長五（一六〇〇）年から元和三（一六一七）年まで山口駿河守、元和三年から貞享元（一六八四）年まで矢野重左衛門の知行地の時代を経て、途中二度ほど「公儀上がり地」となっているが、この時代には凡そ二十代ほどの代官がこれを支配して文化元（一八〇四）年に代官小堀中務へ引き継がれていったいきさつが詳細に記されている。

先ほども触れたように、村請制は「知行地」の場合は知行者のもとへ年貢を物納によって納め、「公儀上がり地」となると代官の支配のもとに京都二条の幕府蔵へ年貢を納める必要があったことから、氷所村にとって領主の代替わりはきわめて重大な出来事であったに違いない。

**一―二「往古御殿料地頭付、但し法皇様江相渡候事」**

一―二号には**霊元院法皇の御殿料として年貢を納めていたこと**が記されている。

すなわち一―一号で触れたように、氷所村石高のうち二四五石は仙洞領として禁裏領になっていたが、この仙洞領とは霊元院法皇の御殿料のことである。

霊元天皇は寛文三（一六六三）年から貞享四（一六八七）年に在位した江戸時代前期の第百十二代天皇で、貞享四（一六八七）年に朝仁親王（東山天皇）へ譲位した後、仙洞御所に入って院政をはじめ、以降仙洞様と呼ばれるようになった。また霊元天皇は後水尾天皇にならい、勅撰和歌集である『新類題和歌集』を編纂させたことでも知られている。

一―二号の表題にある地頭とは年貢を取り立てる役人のことで、**氷所村は天正年中より代官**

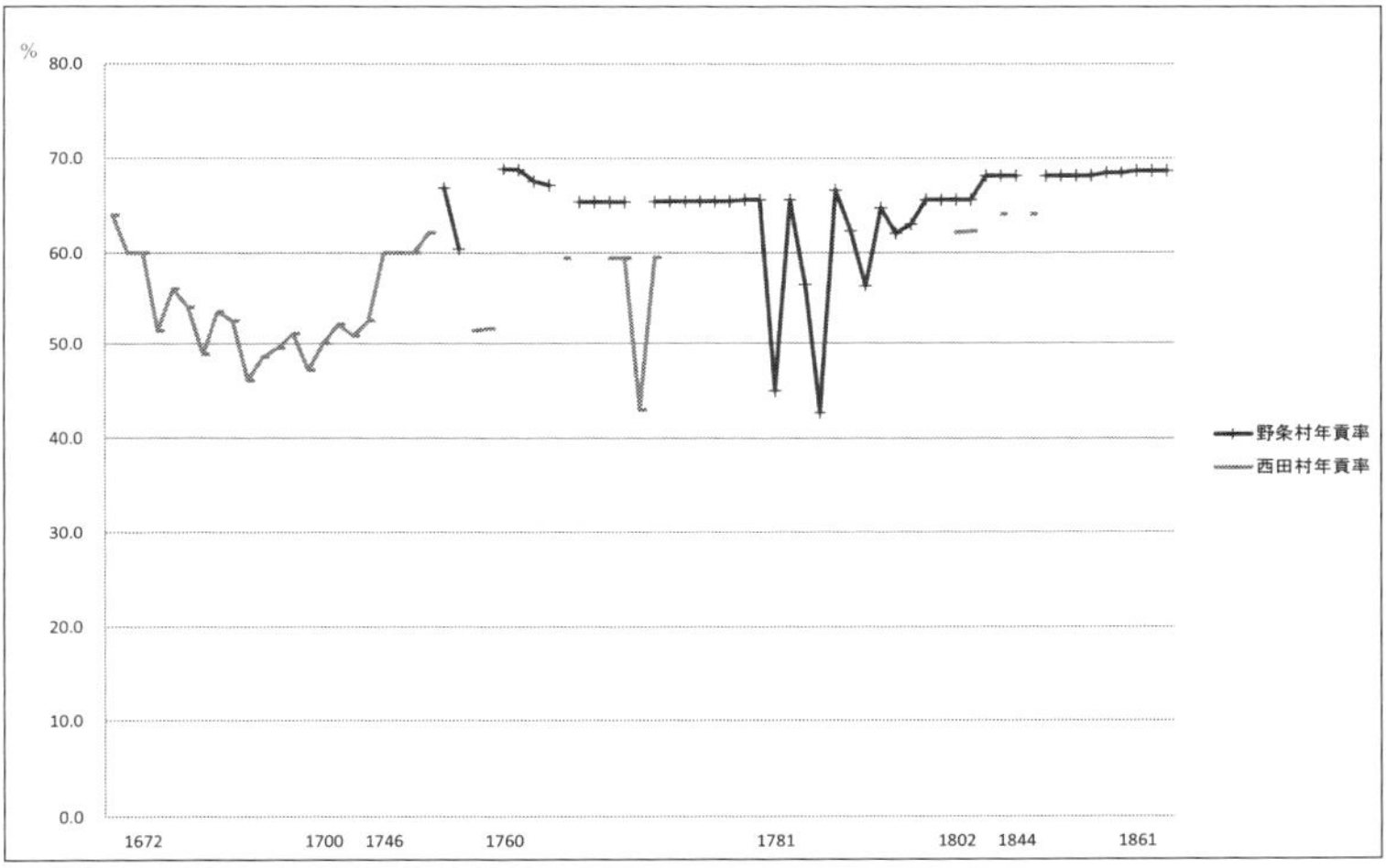


図４　幕府領における年貢率の変化（『図説丹波八木の歴史』より）

川勝右近尉によって支配され、延宝八（一六八〇）年に代官小堀仁右衛門に支配されるまでのいきさつが記されている。また延宝六（一六七八）年に公儀によって検地があったと記されているが、百姓たちが新検地によって年貢が増量されることを悲嘆したため、当面古検地による徴収が言い渡され「ありがたく存じ奉り候」と記されている。

先にも述べたが、当時の年貢について少し触れておくと、当時の米納年貢の徴収法は「検見《けみ》法」と「定免《じょうめん》法」があったが、定免法は後世の享保改革の一つとして新たに年貢増徴法として採用されたものである。

検見法は豊臣政権によって作られた年貢の徴収法で、百姓と給人双方の立会によって検地されることが原則であった。おおよそ取れ高を三等分し、三分の二を年貢として徴収し、残り三分の一が農民の収穫になったいわゆる二公一民の配分比の起点である。領地によっては四公六民とか五公五民などの年貢率もあったが、「氷所太平記」の中には総じて年貢率については触れられていない。

『歴史評論（368）』から渡辺忠司氏の「幕藩制的徴租法の成立過程」によると、検見法においても稲を刈り取る前の立毛による検見と、立毛を刈り取って脱穀し升で量って実収量の有米を確認する検見の二つの方法がとられていたと記されている。

一方定免法とは、過去五年間、十年間または二十年間の収穫高の平均から年貢率を決めるもので、豊凶に関わらず一定の年貢を納めるものである。しかし、余りにも凶作のときは「破免」（年貢の大幅減）が認められることがあった。定免の継続期間は、享保十三（一七二八）年三月の触書には五カ年、七カ年、十カ年、十五カ年があるが、年期が終わると更に申請して年期を切り替え、従前の税額に増して定免を継続することができた。

一－二号には一－一号と同様、**天正年中より御天領の代官として川勝右近尉が支配、続いて元和年中より代官五味備前守が支配、更に三代ほどの代官の支配を経て、延宝八年に代官小堀仁右衛門の支配になった**と記されている。

**一－四「御所料の内、御蔵入江御振高之事」**

一－四号には**御所料としての年貢のうち、一部が幕府の京都二条蔵へ納めるようになったい**

きさつが記されている。

**御所料としての年貢は二四五石であるが、このうち一一石は代官小堀仁右衛門の申しつけにより、享保二十（一七三五）年より二条御蔵へ納めることになり、御高**（御所料としての年貢）**を減らした。また御所様**（霊元院法皇）**崩御の後は御除料と名付けて公儀の預かりになった。**

江戸時代の年貢米の納入は大名領の村々はその居城、幕府領の村々は江戸城内、浅草、本所、京都、大坂などの米蔵へ米納したが、中期以降は江戸浅草、大坂、京都御蔵の三カ所に統括されて、勘定奉行支配下の各蔵奉行によって管理されていた。

一ー**四七「山役御年貢上納之事」**

一ー四七号には山年貢を上納したいきさつが記されている。

**隣接する神吉上村と入会山《いりあいやま》のため、年貢として銭一貫八百文十五匁の相場で上納した。このほかに内山として年貢米三斗七升を上納してきた。これは奉行松平九十郎様の御検地の際に改められたもので、内山御検地帳面に記されている。また、この帳面は中川次郎右衛門方にある**と記されている。

入会山とは村落が共同して総有した山で、薪炭、用材、肥料用の落葉を採取した山林であるが、村生活に不可欠な用山であっただけに、入会山を共有する村落間で諍いが絶えなかったようである。この件に関しては後節で詳しく触れる。

二―一七「女一宮様江相渡り候事」

二―一七号には御所料が女一宮の所領になったと簡潔に記されている。天明元（一七八一）年、代官小堀数馬様の支配によって石高三〇〇石が女一宮へ渡された。その内訳は当村のうちから二三八石あまり、隣村の野条村のうちから六一石あまりであった。その後、寛政卯年にこの年貢分は上がり地となって幕府直轄地になった。

ここにでてくる女一宮を調べてみると、源氏物語第四二帖の明石の中宮の娘を女一宮としている書物が多いが、もちろん「氷所太平記」が記録された時代とは一致しない。一般的に歴代の天皇の一番目の姫宮を女一宮または第一皇女と呼び、この場合は一番目の姫宮と解釈すべきであろう。

## 二、検地

一―五「當村先年御蔵入之分、御検地之事」

一―五号には延宝六（一六七八）年に公儀によって検地が行われ、石高が見直されたことと仙洞様の御料となったことが記されている。

寛文十一（一六七一）年から石高二四五石（ほかに検地増しとして五三石が勅命されてい

る）が、御代官五味藤九郎殿の御支配となっていたところ、延宝六年に御公儀が検地を仰せつけられ、笹山城主松平九十郎が奉行となって地検が行われた。そのほか山改めによってあらたに米三斗七升が賦課されて上納した。その後御所料としての石高は二三三石一斗八升一合六勺となった（但し御除地帳面は中川儀左衛門方にある）と記されている。

仙洞様が御増料になり代官小堀数馬殿が御除料として支配していたところ、明和九（一七七二）年より仙洞様の御料となった。なお文化十（一八一三）年十二月十七日、仙洞様がご崩御され、これよりのちは御除料と呼び天皇領に準ずる扱いになった。

八木地域の村々は稲作を中心に耕作しており周辺地域と大きな隔たりはないが、太閤検地以降の基準として、一反あたりの収穫量は上田で一・五石、中田で一・三石、下田で一・一石が基準となっていた。また山間部では采畑が石盛され、上畑で一・一石、中畑で〇・九石、下畑で〇・七石の年貢地に換算されていた。さらに山部も年貢徴収の対象になっていた。

文化十四（一八一七）年十二月、代官小堀中務様からお白洲において仙洞様御料の引き渡しが仰せつけられ、翌日仙洞様の御台所において御酒を下され、当村庄屋藤太郎および年寄九左衛門が承ったと記されている。

**一－六「氷室山瑞雲寺御除地之事」**

一－六号には「右検地の節」（おそらく一－五号で触れた延宝六年の検地を指しているもの

と思われる）瑞雲寺および相国庵両寺の境内を高荒れ地に入れて、年貢の除地として申請したところこれが露見したいきさつが記されている。

氷所村の瑞雲寺については後節で記すが、開創は不詳で臨済宗妙心寺派の古刹として現存している。

庄屋中川次郎右衛門及び馬淵九郎左衛門から、両寺の境内は古来より年貢の除地として申請してきたことを村中に披露したところ、人見七左衛門、人見善兵衛等六人から、万一露見したなら村中難渋することになり得心しがたいという申し出があり、しからば万一この儀が露見した場合には村中に難渋を懸けないという請証文を差し出して検地に至った。

ところで除地とは、幕府や大名より年貢を免除された土地で、寺社の境内や、無年貢証文のある田畑・屋敷など特別な由緒のある土地で、従来は検地を受けなかったが次第に検地のうえ検地帳に除地として登録されるようになった。

お奉行へ古来より除地に紛れないとして申し立てたところ、段々吟味が行われていくうちに疑わしいということになり、往古より除地に相違ないことを神文として差し出すよう仰せられて検地を終えた。その後、当地が霊元院法皇の御殿料になったとき、この検地の儀について百姓たちが悲嘆していることがお耳に入り、けがらわしき新検を免検して古検地にて取り扱うよう仰せられた。村中は無論、瑞雲寺、相国庵とも言語に絶するありがたきことで、冥加忘れがたきものであると記されている。なお例年除地の証文を公儀へ差し出しているとも記録されている。
公儀の検地に際して似たような事件はほかにもあったと思われるが、村中周知の事実にもかかわらず、二名の庄屋が村に課せられる年貢を減免するために、敢然と申し立てた決意に賞賛の言葉を送りたい。

## 三、ご支配

一－三「霊元院法皇様御殿料与相成、地頭替り之事」

一－三号には霊元院法皇の御殿料が代々の代官である地頭によって支配されたいきさつが記録されている。

まず代官小堀仁右衛門が支配し、その後正徳年中より子息の仁右衛門の支配に代わった。享保四（一七一九）年に御死去（たぶん子息の小堀仁右衛門が死去）したため、御舎弟の玉虫左兵衛が見分して享保十八（一七三三）年まで支配した。さらに仁右衛門殿の子息右膳殿に引き継がれ、新たに仁右衛門と改名された。そのあと元文五（一七四〇）年に死去したため、御舎弟の左源太殿の支配になった。寛保元（一七四一）年代官の左源太が切腹して死去したため、一家の小堀十左衛門の支配に代わったことと、宝暦四（一七五四）年より小堀仁右衛門の子息

**数馬の支配に代わった**と記されている。

御天領といえどもこれを支配する代官の代替わりは、直接年貢の徴収に関わることであり、こと細かにそのいきさつが記されている。

**二‐二七「小堀数馬殿御難代被仰付候者天明七年之事」**

二‐二七号には**寛政元**(一七八九)年、代官小堀数馬殿が死去し子息の**縫殿殿に代替わりし**たことが記されている。

**縫殿殿は幼少につき、縫殿の舎弟で内藤家へ養子に出ていた内藤重三郎が補佐することになったこと、さらにこの重三郎殿は代官として、摂津と河内で五万石ばかりを別に支配しているることが**記されている。

**三‐四「御料小堀御支配所大津江引越シ相成候事」**

三‐四号には天保十五(一八四四)年、これまで御所料は小堀御支配所で支配されていたところ、大津御役所へ役替えになったことが記されている。

十一月二十一日、大津御役所都筑金三郎殿へお役替えになり、当分御預かりどころとなった。口組村々の総代西田源兵衛、氷所孫八の両名召し連れ、大津御役所にて小田彦兵衛殿、石井金十郎殿へ引き継ぎが行われた。ただし両所(口組と氷所)に対して村役人六名を定め、箱本（代表）庄屋にはこれまでの通り給米が与えられるということで、名前を差し出した。お蔵納め庄屋の給米は三斗、御所料庄屋の給米は二斗五升の定めになったと記されている。

ここで「箱本」について触れておくと、天正十三（一五八五）年、豊臣秀長が郡山に入城して城下町の建設にとりかかった。商工業保護の政策として同業者を一カ所に集めて営業上の独占権を認め、町々にそれぞれの特許状を与えて保護した。これがのちの株仲間に発展していくのであるが、こうした特権を主張する根拠となる文書を朱印箱に収め、封印して一カ月交代で本町以下十三町を持ちまわりすることになった。当たった月の町が「箱本」となり、この朱印箱を町内の会所に置いて、表に長さ二尺の紺地木綿に白地で「箱本」と染め抜いた小旗を二間余りの竿に付けて立てる習わしであった。ここでいう箱本庄屋とはこの「箱本」を引用した代表庄屋という意味だったと思われる。

また大津御役所とは、江戸時代初めの慶長年間に大津に代官所が置かれ、明治元（一八六八）年まで存続した。ただし、享保七（一七二二）年から明和八（一七七一）年までの五十年間は廃止され、京都町奉行所が与力を派遣して大津町を支配した。場所は旧大津城の跡地（京阪電車浜大津駅付近）にあった。歴代代官は総計二十一人で、前期には小野氏が八人、後期には石原氏が六人代官となっていた。

**三－五「御料御支配大津より小堀勝太郎様へ引渡之事」**

三－五号には御所料の御支配が役替えになって多羅尾久左衛門様から小堀勝太郎様へ引き渡されたと記されている。

八月二十日にお引渡しになり、組合の村々は総代をもつてお請けいたしした。ただし村役はこれまでどおりとする旨お願い申し上げ、庄屋一人、年寄役四人の計五人で勤めることとなった。

# 第四章　村生活と祭礼

この章には、江戸時代を中心とした封建社会における農村生活について、「家系、血縁」や「郷士」などの日常生活の記録をまとめた。

当時の社会を理解する上でとても興味のある記録である。私にとって第四章が「氷所太平記」のなかで最も興味を引いた記録である。先にこの章の中にたびたび記録されている郷士《ごうし》と伊勢講について触れておく。

郷士とは、江戸時代の武士階級（士分）の下層に属した人々を指す。江戸時代、武士の身分のまま農業に従事した者や、武士の待遇を受けていた農民である。平時は農業に従事し、戦時には軍事に従った者で、郷侍《ごうさむらい》ともいう。武士身分と同様に藩や幕府によって士分として登録され、苗字帯刀の特権も与えられている。しばしば混同されるが、苗字帯刀を許されている層には郷士以外に豪商、豪農、学者などの層も含まれているため、「名字帯刀者＝郷士」という認識は誤りではないが正確でもない。郷士は「武士階級である以上、その特権として苗字帯刀を許されている」のに対し、郷士以外は「武士階級ではないが、特に働きがあったため苗字帯刀を許されている」のである。名字帯刀が基本的に武士の特権であること、それが与えられることは名誉に違いはないが、武士身分と同じ意味ではない。論者の中には名字帯刀に加えて知行を持つ事を郷士の条件として、「地頭帯刀」という用語を用いる場合もある。

つぎに伊勢講についてであるが、江戸時代に起こった伊勢神宮への集団参詣で、お蔭詣《かげもうで》ともいう。江戸時代には数百万人規模のお蔭詣が、およそ六十年周期に三回あって、これをお伊勢参りでは抜け参りともいう。お蔭詣りの最大の特徴として、奉公人などが主人に無断で、または子供が親に無断で参詣したことにある。これが、お蔭詣りが抜け参りとも呼ばれるゆえんである。大金を持たなくても信心の旅ということで沿道の施しを受けることができた時期でもあった。江戸からは片道十五日間、大坂からは五日間、名古屋からは三日間、東北地方からも、九州からも参宮者は歩いて参拝した。陸奥国釜石（岩手県）からは百日かかったと言われる。

当時の庶民にとって、伊勢までの旅費は相当な負担であった。日常生活ではそれだけの大金を用意するのは困難である。そこで生み出されたのが「伊勢講」という仕組みである。「講」の所属者は定期的に集まって金を出し合い、それらを合計して代表者の旅費とする。誰が代表者になるかは「くじ引き」で決められる仕組みだが、一度当たった者は次回からくじを引く権利を失うため、「講」の所属者全員がいつかは当たるように配慮されていたようである。くじ引きの結果、選ばれた者は「講」の代表者として伊勢へ旅立つことになる。旅の時期は、農閑期が利用される。なお、「講」の代表者は道中の安全のために二、三人程度の組で行くのが通常であった。

出発にあたっては盛大な見送りの儀式が行われる。また地元においても道中の安全が祈願される。参拝者は道中観光をしつつ、伊勢では代参者として皆の運を祈り御祓いを受けた。土産として新品種の農作物の種、松坂や京都の織物などの伊勢近隣や道中の名産品や最新の物産（軽くてかさばらず、壊れないものがよく買われた）を購入する。無事に帰ると、帰還の祝いが行われる。江戸時代の人々が貧しくとも一生に一度は旅行できたのは、この「講」の仕組みによるところが大きいだろう。

またこの「伊勢講」は平時においては神社の氏子の共同体としても作用していた。「伊勢講」は畿内では室町中期から見られた現象だが、全国的になったのは江戸時代以降である。江戸時代が過ぎてもこの仕組みは残った。なお戦後は講を賭博行為とみなしたＧＨＱにより解散させられたという。しかし、地域によっては現在でも活動を続けている伊勢講もある。伊勢神宮参拝は数年に一度行うのみとして、簡素な宴席のみを毎年行う習慣が残存している地域もある。

# 一、家系、血縁

一－一二「今福一統之事」

一－一二号には元来氷所村に住んでいた舎人百姓（皇族や貴族に仕え、警備や雑用などに従事していた百姓）というのは今福一族で、明神を支配してきたことが記されている。

天和年中に広瀬村から今福という姓をもらったというが、何の由緒も証拠もなく伝わっている。それゆえ古くは今福一族の者には上下《かみしも》も着用させず、家屋には破風《はふ》及び門木戸を作らせなかった。五味備前守がお奉行の寛永年中に、今福一族の者から破風を設け、上下を着用したい旨申し出があり争論におよんだ。

ちょうどこのころ今福半右衛門というものの父方の伯母が、江州膳所の本田伊予守殿へ乳母として奉公に上がっていたが、本田家よりお奉行所の備前守殿へお願い申し上げたところ、門、破風の儀は百姓が用いる必要はないが、上下を着用することは中川、人見の一族に遠慮しての事であろうが、この件については用いるべしとご裁許された。その後上下を着用するようになったが、破風及び門木戸は作らせなかった。

中川、人見両名は後宇多院の時代の弘安年中に郷士として当村へ引退したもので、主従同前の格式である。古くから旧暦の六月朔日、氷室山の氷を内裏に持参したのはこの今福の祖先であるとされ、それゆえ古くは明神の庭に桟敷があったといわれるが、慶長年中のころ、中川、人見家より断絶を申し付けられ、その上明神は中川、人見家によって諸事支配されるようになったと記されている。

ところで破風とは切妻造や入母屋造の屋根の妻の三角形の部分にあたる。また切妻屋根の棟木や軒桁の先端に取付けた合掌型の装飾板も指すが、「家格の者」（郷士、直礼帯刀百姓などの上層農民）に特権として認められた家構えであった。しかし中下層の一般農民が経済的な実力を獲得する江戸中期以降は、家構えに破風を入れたいという家格上昇志向が強くなっていったようである。もちろん現代このような差別は許されるべきものではないが、この時代には国中においてこうした差別が実在していたという歴史的事実を書きとどめておく。

**一－一九「中川家之事」**

一－一九号には中川家の由緒が記されている。

**中川家は元来清和源氏の出自である。亀山院の時代に藤原姓を賜ったこともある。中川は奥州侍の在名で登り侍である。後宇多院時代の弘安年中に氷所村へ引退して郷士となったもので、詳しくは系図の中に書かれている。明和年中まで凡そ五百年の歴史があると記されている。**

中川家の系図によると、清和天皇の曾孫満仲は摂津の多田に生まれ、正四位上に処遇され左馬頭として昇殿を許されたとされている。この満仲が多田源氏（清和源氏経基の嫡男）の祖である。満仲の長子頼光も同じく正四位下に処遇され左馬頭として昇殿を許されたと記されている。この頼光が摂津源氏の祖で、弟頼親は大和源氏の祖、弟頼信は河内源氏の祖であるが、のちのち頼朝や足利尊氏などの武将がこの家系から出生している。いわゆる武家の棟梁筋である。この頼光から十一代後の重頼の時代、後宇多天皇の弘安四（一二八一）年に蒙古が攻来し、討手人数に加わり奥州より九州におもむき蒙古退治に加わったと記されている。

このとのち正応元（一二八八）年に丹波国船井郡氷所村に留まり氷所氏を相続するのだが、実家中川の苗字をもって相続するとある。父重直は亀山帝より藤原の姓を賜るのだが、氷所氏の姓宗祖は天児屋根命を祀る藤原姓で同姓であるため、系図には子孫は中川と号すといういきさつが記されている。中川氏については「氷所太平記」の中にたびたび出てくるので、その折に改めて触れることにする。

一―二〇「**人見家之事**」

一―二〇号には**人見家**の由緒が記されている。

人見家は、もとは橘氏である。越後の国から上ってきた侍で、中川家と同じく弘安年中に当村へ引退した。中川家と申し合わせて兄弟の約諾をいたし、当村にて郷士になった。馬路村の中川と人見家は同じ血筋で、当村で分かれたものである。馬路村では中川は拝領の氏名を用いて**藤原氏**を名乗っていると記されている。

人見家が氷所村で郷士になるまでのいきさつは人見家の系図に残っていると思われるが、いずれ明らかになることが望まれる。

弘安四（一二八一）年の「弘安の役」は文永十一（一二七四）年に次ぐ二度目の蒙古来襲で、元軍十万が高麗軍とともに筑前および長門を侵したのち、大風雨が起こり一夜のうちに舟もろとも沈没したものであった。

ときの執権北条時宗は、蒙古襲来への応戦は御家人でなくとも恩賞を与えることを約束し、「本所領家一円地の住人」（非御家人）の動員を命じている。このことは御家人、非御家人に関係なく幕府の動員権が及んでいたことを意味する。

しかし蒙古襲来後の恩賞対象が幕府にとって深刻な課題になったことは容易にうかがえる。

## 一―二二「馬淵家之事」

一―二〇号には馬淵家の由緒が記されている。

**馬淵家は、もとは宇多源氏で、近江国の佐々木氏の出生である。近江の馬淵村に住し、在名を名乗っていたのだが、当村へ引退して郷士になったものである。これは大永年中のことであるが、明和年中までおよそ三百年余の歴史があると**記されている。

人見家と同様、氷所村において郷士になるまでのいきさつが明らかになることが望まれる。

二ー一二「**中川、人見両苗系図帳出来之事**」

二ー一二号には両名相談の上、嫡流家系図抜き書き出し帳ができたと記されている。**寛保年中とあるが、実際に出来たのは安永九（一七八〇）年であると記されている。また筆者は中川退認祐隠と記されている。**

ここで嫡流とは、氏族の直系の血筋のことをいう。主に惣領と正妻の間に生まれた長男、即ち嫡男により継承される血筋を意味する。

## 二、郷士

**一ー四一「中川次郎右衛門、同儀左衛門郷士帯刀御改之事」**

一ー四一号には享保九（一七二四）年、御公儀によって一斉に帯刀の改めが厳しく行われたと記されている。

御代官玉虫左兵衛殿より御吟味があり、それまでは格別の御改めもなかったので筋目の者は勝手に帯刀していたのだが、厳しい御改めによって一斉に帯刀をやめるに至った。次郎右衛門、儀左衛門は先祖よりのいきさつを申し上げたところ、村人たちに「相違ないか」とお尋ねになり、先祖より帯刀してきたことに相違ないことを村中より連判をもって言上した。さらに村中相談の上、年寄役、組頭、そのほか高持百姓五三人連判をもって郷士帯刀先祖より仕ってきたことを書状で差し上げ、これまで通り（帯刀）御免となった。そして元締め役人武冨思右衛門の取次をもって、村人から出された連判状を次郎右衛門へ下しおかれた。その後御公儀による御改の都度、とりわけ地頭代替わりの都度、これまでのいきさつを申し上げた。寛保三（一七四三）年、御諸司代牧野備後守様へ相渡りの節、これまでのいきさつを申し上げたところ、直接お会いして（郷士）御免となり、とりわけ郷士の格式において給人格を仰せつかった。御家老一二〇〇石取の牧野隼人殿からいただいた返礼の書状が数通残されていると記されている。

人々の立場が流動的であった戦国時代が終わり、徳川幕府下で新しい階級制度（武士・百姓・町人、いわゆる士農工商）が形成されると、武士と百姓の中間層に分類される層（地侍・土豪など）が、在郷（城下でなく農村地帯に居住）する武士として扱われたものである。武士身分と同じく藩、または幕府に士分として登録され、苗字帯刀の特権も与えられている。

## 三、祭礼

一－一〇「**例歳年正月十七日御弓始之事**」

一－一〇号には中川、人見両名が立会って明神の庭で御弓始を行い、案紙に次のように書きつけしたと記されている。

その年の年号何の何正月十七日
清和源氏中川陸奥守三位中将重直の末孫某
橘氏　人見安房守秀康の末孫某
氷室・幡久両社大明神御神前において御弓始を奉る

さらに儀式の用途の分担も記されている。

大さい　何の方　さいわ　何の方
大なん　何の方　さいせつ　何の方
さいけう　何の方　わうはん　何の方
へうひ　何の方
年徳あきの方　何の方
悪魔外道千里の外へ射はらい申
善事此所に射とゞめ申

右の通、例年その年の年号、月日より書き写し、御神前にて読み上げ御弓始を行ったと記されている。

ところで中川家の系図には、中川兵部丞重直は中川の中興の祖であるとされている。奥州西谷郡清戸城主のとき、亀山天皇の文応元（一二六〇）年に奥州の国司右京権太夫勝平が謀反を企てたとあり、重直がこの勝平を退治したという記録がある。勅命による合戦が終り、勝平を打ち取りの勲功が天皇の耳に入って重直は三位中将陸奥守を賜ったとされている。この勝平の息子中川兵庫助重頼は、先に触れたように弘安の役に出役したあと氷所村に在住して郷士となった重直の次男である。

江戸時代の丹波には、弓射の活動を中心とする仲間「弓射連中」が存在していたとされる。安政四（一八五七）年に記された書き物によって、八木町域における弓射連中の地域分布をみると、近世村の一七〇〇あまりの戸数のうち三六〇人八〇団体に分布していたとされる。このうち氷所村には「宮座三苗中」一団体、「中八連名中」一団体に弓射連中があったと記録されている。

『社会経済史学』（19巻2・3号）から関順也氏の〈丹波の郷士仲間「弓者連中」について〉によると、丹波の旧地侍層が自らの存立を守るべく結成したのが弓射連中であった。すなわち弓射連中とは、身分の上では本百姓に零落した多数の地侍が「先祖の勲功」を誇り、「旧家連綿の家」たる自覚のもとに会合団結したもので、平百姓に対しては特権階級たるの誇示であるとともに、領主に対しては地侍としての示威であったとされている。

5　八木町域における弓射連中の地域分布（安政４年）(『図説丹波八木の歴史』より)

| 地区 | 明治22年町村制 | 近世村 村名 | 近世村 戸数 | 人数 | 団体数 | 備考 |
|---|---|---|---|---|---|---|
| 地区 | 八木村 | 八木村 | 194 | 50 | 39 | 人:「休息」2、団:「○○苗中」39 |
| | | 柴山村 | 8 | 6 | | |
| 地区 | 本庄村 | 青戸村 | 49 | 3 | | |
| | | 西田村 | 121 | 31 | 6 | 団:「○○株中」6 |
| | | 観音寺村 | 33 | 11 | | |
| | | 屋賀村 | 110 | 9 | | |
| | 富庄村 | 氷所村 | 112 | | 2 | 団:「宮座三苗中」1,「中八連名中」1 |
| | | 日置村 | 76 | | 1 | 団:「弓射中」1 |
| | | 刑部村 | 32 | 13 | | |
| | | 北広瀬村 | 41 | 26 | | 人:「行方不知」1 |
| 地区 | 吉富村 | 鳥羽村 | 61 | 23 | | 人:「休息」3 |
| | | 神田村 | 16 | 9 | | |
| | | 広垣内村 | 16 | 6 | | |
| | | 雀部村 | 16 | 9 | | 人:「休息」1,「慎み」3 |
| | | 室河原村 | 52 | 11 | | |
| | | 木原村 | 31 | 4 | 1 | 団:「弓射中」1 |
| | | 池之内村 | 31 | 7 | 1 | 団:「両株中」1 |
| | | 玉井村 | 20 | | | |
| | | 八木島村 | 108 | 33 | 4 | 団:「○○苗中」4 |
| | | 大藪村 | 35 | 5 | 1 | 団:「両苗中」1 |
| | | 南広瀬村 | 43 | 14 | 1 | 団:「○○苗中」1 |
| 地区 | 新庄村 | 船枝村 | 61 | 11 | 5 | 団:「両苗中」1,「○○苗中」1,「○○株中」3 |
| | | 山室村 | 40 | 21 | | 人:「休息」1 |
| | | 室橋村 | 64 | 15 | 9 | 人:「中絶」1、団:「○○株中」6,「○○苗中」3 |
| | | 諸木村 | 22 | 14 | 2 | 団:「○○苗中」2 |
| | | 畑中村 | 54 | 3 | 2 | 団:「○○苗家中」1,「○○苗中」1 |
| | | 野条村 | 44 | 4 | 4 | 団:「○○苗跡中」4 |
| | | 池上村 | 55 | 1 | 2 | 人:「休息」1、団:「○○苗中」1,「○○苗家中」1 |
| 地区 | 神吉村 | 神吉上村 | 105 | 5 | 2 | 団:「○○苗中」2 |
| | | 神吉下村 | 73 | 16 | 0 | |
| | | 神吉和田村 | 38 | 6 | 0 | |
| 計 | | | 1,761 | 366 | 82 | |

山泰之家文書（亀岡市史収集資料）より作成。

考欄の「人」は人数のうち当時活動を休止しているもの、「団」は団体の内訳（種類・数）を示た。ただし団体の構成員数は不明。

世村の戸数は全村の戸数が判明する明治５年（1872）当時の数値で統一した（『京都府市町村合史』、北広瀬区有文書、鳥羽区有文書、室橋区有文書）。

一―一二一「當村御神事ニ日置村より神事役相勤候事」一―一二一号には当村氷室大明神と隣村日置村の大倉大明神が御夫婦の縁起であると記されている。

日置村大倉大明神は女神で、当村氷室大明神と御夫婦であるので、当村の神事に際して当所より日置村大倉大明神を奉りご請待（招待）し、その上で神事のやぶさめを相勤めた。それゆえ日置村へ当村より乗馬にて、御幣鉾を持ってご請待にまいり、日置村より神主馬に乗り、御幣のお供をして参られたと記されている。

写真６　幡日佐・大送神社秋祭り（祭礼行列）

氷所村と日置村が合同で執り行っている祭は、氷所の幡日佐神社から日置の大送神社に「七度半の使い」が送られ、神社での儀式が行われたのち、直会として氷所と日置の代表者が参加して大送神社で行われる。そして直会が終了すると今度は大送神社の代表者が幡日佐神社へ参り、再び儀礼を行うというものである。神事が終了すると、氷所の儀礼として馬駆けと流鏑馬が行われ、流鏑馬で射た杉の板の割れ具合で翌年の稲作の吉凶を占うものである。

一連の儀礼は、男性の神（氷所の幡日佐神社の神）が女性の神（日置の大送神社の神）に求愛するが拒否され、何度も求愛を繰り返して婚姻を成立させるという神事である。古来より祭礼のクライマックスは、裃《かみしも》姿の御者が疾駈する馬上から矢を放つ流鏑馬の儀式であるが、村中では疾駈する馬の迫力から「馬とび」と呼んで、驚嘆する感覚を表している。

なおこの祭礼は毎年十月二十一日に神宮皇后三韓征伐の史実にならい、神幸の神事が古式にのっとって今も執り行われている。

二ー六「**中川次郎右衛門儀八事、勧進弓的興行事**」

二ー六号には**身代に不足を来たし**、安永元（一七七二）年四月一日**から七日まで勧進弓興行を行ったこと**が記されている。

**その後は翌年まで斎的**（市と祭りを組み合わせ、この場で弓矢の興行を行ったものか）に月**六斎ばかり行ったと**記されているが、これだけの記録ではよくわからない。

以下意味不明な専門用語が続き「**射揚**」、「**星揚**」、「**御星実見**」、「三宝御盃」、「**長堤**」、「**加堤**」「**御星備**」、「**筈掛**」、「**組重**」、「**嶋台**」などの**弓興行の役どころとその担当者**が記されている。文字通り神社や寺の建立や修理のために興行を行って金を集めたのであろうか。**役周りの中に御弓は中川次郎右衛門が携わったこと**も記されている。

## 四、伊勢講

**一-二九「伊勢外宮御師之事」**

一-二九号には永禄十二（一五六九）年に伊勢外宮御師《おんし》の松田与吉太夫殿を師として仰ぐ関係にあったと記されている。

**与吉太夫殿の帳面に中川主馬介、人見加賀および馬淵筑後の三人の名前があることも記されている。**

御師とは、特定の社寺に所属しその社寺への参詣者を案内し、参拝、宿泊などの世話をする者のことである。特に伊勢神宮の場合は「おんし」と呼んだ。御師は街道沿いに集住し、御師町を形成することもあった。

**一-三〇「松田与吉太夫殿代替リ入部之事」**

一-三〇号には元文三（一七三八）年、泊まり宿で中川次郎右衛門が書いたと思われる記録が記されている。

一-二九号で触れた御師の松田与吉太夫が代替わりして、後継者（おそらく松田与吉太夫と名乗ったと思われる）が初めてその仕事についた。五人の村人が二株にわかれて前後四泊していたところ、伊勢屋太郎左衛門より「津戻の片絹」一巻ずつが講親そのほかあらましの人々へ土産として渡された。但し祝儀として講中より一人につき銀三分ずつ、講親、そのほか土産を請けた人々へは銀二両から一両を差し出した。また当村より祝儀として銀しめて十枚、金川太郎左衛門へ一株から銀一匁、侍の詰所へ三匁、小者へ百文ずつ与えたと記されている。

「津戻の片絹」とはおそらく津綟子《つもじ》のことで、三重県津市安濃地域周辺で明治ごろまで捩《もじ》り織《おり》の手法で織られていた薄く透きとおった織物である。日本銀行金融研究所貨幣博物館の資料では「当時と今の米の値段を比較すると、一両＝約四万円、大工の手間賃では一両＝三十～四十万円、お蕎麦の代金では一両＝十二～十三万円」という試算を紹介している。

一両の価値としては米を買う場合と大工手間の支払では相当大きな開きがある。この時代には、大工手間という労働力は相対的に安価であったといえるのかもしれない。祝儀として与えた銀三分とは小判一両が四分であったことから、今の価値に換算すると三万円前後になる。

**一－三二「明和元申年伊勢外宮町大火、与吉太夫殿類焼ニ付勧化之事」**

一－三二号には明和元（一七六四）年に伊勢外宮町で起こった大火によって与吉太夫殿が類焼し、当村からお見舞いしたことが記されている。

当村より白銀十五枚、その内訳は百三十人余り講中の人々が九つに分かれて三年間出し、そのほか八人が金百疋ずつ、十人が銀二両ずつ、都合白銀一五枚を勧化（勧進）したと記されている。

明和年間では白銀一枚が小判〇・七両に相当することから、今の価値に換算すると四十万円前後ということになる。なお明和元年に伊勢外宮で起こった大火というのは、私が調べた限りでは一般の年表あるいはヤフーやグーグルにもなく、それほど大きな火災ではなかったようである。

一―三三「**伊勢江正、五、九月村中より代参之事**」

一―三三号には享保六（一七二一）年、次郎右衛門、同儀左衛門が庄屋役の時節に起こった村中の騒動によって、年三回行っていた伊勢への代参ができなくなったと記されている。

御代官玉虫左兵衛殿より荒地の開発を仰せつかって野中の荒地を調べたところ、その近所の地主が徐々に開墾していたため荒地が不足していることが判明した。御代官へは、開墾した収穫分は先年より伊勢への五穀成就の代参料にいたしたと申し訳した。それより正、五、九月にはこの作徳米を以て代参料としてきたのだが、同十年に村方で騒動が起こって、その後十二年から村が二分して諍いになり、正、五、九月の代参ができなくなった。漸く氷所に残っていた開畑作徳米にて年越しの代参をしたと記されている。

作徳米とは耕作者が年貢を出した残りの取米、または地主が小作人から取る小作米も作徳という。

## 五、家鋪

### 一－四〇「中川次郎右衛門新家鋪新宅之事」

一－四〇号には享保五（一七二〇）年、中川次郎右衛門の家普請が成就したと記されている。

居宅の新家敷は古くから悪田、水田があった場所で、享保二（一七一七）年から三年かけて六尺余り築土させ四方に石垣までつくり、享保五年に家普請を成就させた。大工棟梁は播州市郎兵衛が担当し、四つ宝銀一貫六百目、白米四石にて成就した。さらに同年の春銀吹き替えが行われ、春から米価が徐々に高騰し（一石あたり）三百六十目まで値上がりしたことも記されている。

後日談であるが、平成二十（二〇〇八）年に私は屋敷跡を全面的に改修した。この石垣を撤去してコンクリートの擁壁に作り替えたのであるが、石垣自体は野面石を一メートル前後積み上げたもので、外部から大規模に石材を持ち込んで構築したものではなかった。屋敷があった場所は確かに土盛りが行われ（自叙伝「己事記」の中に詳しく触れている）、かつて悪水があふれだした土地であったろうことが容易に想像できる。

「四つ宝銀」とは江戸幕府が正徳元（一七一一）年から翌年にかけて鋳造した正徳銀のことで、表面に四つの「宝」字が極印されている。正徳銀では慶長銀と同じく品位を向上させる吹替えのため改鋳利益も得られず、銀座役所、常是役所ともに困窮したという。現代の価値に換算すると、特に江戸時代中期の大工手間では小判一両が三十～四十万円に換算されたことから、約一千万円程度の建築費ということになる。江戸中期には氷所のような農村部においても、これまでの米中心の経済から貨幣経済に切り替わっている様子が手に取るようにわかる。

この時代幕府は元禄期から宝永期に至る銀貨吹替えによる利益収入の成功に味を占め、将軍の決裁を得ることなくさらなる品位低下を伴う吹替えを断行した。これが記録にあるように貨幣価値の低下をきたし米価の高騰を引き起こした要因である。

## 二ー八「中川祐介居宅庭木之事」

二ー八号には中川祐介居宅の庭木の由来が記されている。

享保十九（一七三四）年、飯田宗寿が江戸へ行った折、箱根山で楠の実を三つ買い求めて蒔いたところ芽が出てその後思っていたより大木に育った。また安永二（一七七三）年までの四十年間に一尺六寸に育った多羅葉《たらよう》の木は、伊勢御師代官の金川太左衛門が奥丹波で二本貰ったうちの一本で、寛保元（一七四一）年の事である。安永二年までおよそ三十五年の間に、幹回りは三～五寸になった。さらに肉桂《にっけ》の木は、享保九（一七二四）年、保津村の村上半平方にあった肉桂の実生えをもらい植えておいたところ、安永二年までのおよそ五十年間にようやく幹回りが四～五寸になった。このころ紀州の国の喜八というものが参り、分けてほしいというので百目にて売り払った。その後数年間実を蒔いたけれども生えることがなかったが、安永元年、**不思議なことに東の垣根に一本の実生えがあったこと**が記されている。

　昭和五十（一九七五）年ころの私の記憶では、楠の木は北西の庭先の角にあって相当大木に育っていた。楠の木は防虫効果があることから、母は将来この木を使って箪笥にすればいいと言っていたことを思い出す。享保十九年から数えるとおよそ二百四十年経っていた。また多羅葉の木はモチノキ科の常緑高木で、暖地の山中に自生し庭木にされることがある。葉は革質で長さ二〇センチメートルにもなる長楕円形、縁には鋭い鋸歯がついているのが特徴である。葉面を傷つけると痕が変色するので経文を書く多羅樹になぞらえてこの名がついたといわれる。さらに肉桂とはニッケのことで、通称ニッキとも呼ばれる。肉桂というクスノキ科の樹木はその年によって香りや辛味が変わる。これを使った飴づくりは、職人の舌と勘で素材の分量が調節され伝統の味が守られているという。

　私にとって東の垣根に生えたという肉桂は記憶にないが、近所の垣根にあった肉桂の根を穿り出して口にしたことがあるが、あの独特の甘さとピリピリした刺激感を忘れることはない。

### 二ー九「上之庭之宝殿、大神宮様勧請之事」

二ー九号には**享保十三**（一七二八）**年四月、上の庭の宝殿である大神宮様を勧請**《かんじょう》（神仏の来臨や神託を祈り願うこと）**して返上した**と記されているが、短い記録であり詳細を知ることはできない。

しかしあまりに恐れ入り奉り、寛保年中に伊勢へお断りして返上した（中川左仲重次）。その後宝殿はお祓いをしてそのまま庭におかれていたが、いかがなものかと考え、安永六（一七七七）年三月十三日、家内に神棚を作って奉納した（中川退隠重宗）と記されている。

ちなみに私は中川儀左衛門の玄孫にあたる。

三－二五「中川儀左衛門宅再建築、年号、門長屋土蔵出来之事」

三－二五号には文政二（一八一九）年、中川儀左衛門宅を再建築したことが記されている。母屋は梁行五間半、桁行八間半の建屋であった。この建屋は明治元（一八六八）年でちょうど五十年になったのだが、後年になって調べたところ委細はわからなかったと記されている。門長屋は天保十四（一八四三）年に出来たが、その後元治元（一八六四）年に西の長屋を失火し建て替えた。東の蔵は、次郎右衛門より借財があって、田地や藪といっしょに売り払って返済にあて、慶応二（一八六六）年に新たに建築した。東小家二カ所、土蔵、門長屋は重満が再建築したようで、大略を記しておくとされている。

三－二五号は江戸後期の文政年間に居宅を再建築した記録で、私はこの家で生まれた。木造建築の外形は、屋根の棟の方向が桁行で、それと直角方向が梁行であるが、五間半の梁行は約一〇メートル、八間半の桁行は約一五メートルの建物であるが、私の記憶でも相当大きな構造物であった。その後何度かの改築があったと思うが、私が記憶する俯瞰には母屋は単なる長方形ではなくL字型の「曲りや」づくりで、先祖の経験から東北地方独特のL字型の棟に改築したのかもしれない。

昭和五十（一九七五）年ころ、老朽化したこの無人の建物を取り壊した。この解体のときに思いもかけず上棟札が出てきて、今も私の手元に保管している。この上棟札を取り付けた年号が読み取れず、わずかに「政」と「卯」の二文字だけが読み取れたのだが、「氷所太平記」三－二五号によって文政二年卯年四月であることが判明した。煤で汚れて年月を書いた部分が読み取れないが、表面に「再建上棟牋《せん》　中川儀左衛門　源忠重」、裏面に「番匠　徳右衛門　木挽　播磨忠□」と墨筆された長さ五〇センチメートル、幅一五センチメートルほどの木札である。

三－三〇「**中川儀左衛門居宅角取払普請出来仕候事**」

三－三〇号には明治十一（一八七八）年、中川儀左衛門居宅の角を取払い、総しころに改築したと記されている。

**大工は政八、人工手間は百三十人かかり、木材は越畑村喜三郎、瓦は伊左衛門から手配し、百円の出金であった**と記されている。

**そのあとに中川儀左衛門重義、明治十一年で三十一年一カ月になる**と記されているが、これが年齢であれば弘化四（一八四七）年の生まれということになる。中川家の系図ではこれよりもう少し古い年代の生まれではないかと思われる。

錣《しころ》とは、兜や頭巾などの下部に布や革などを垂らし後頭部を保護する覆いのことであるが、大棟から軒まで一枚の面ではなく、一段の区切りをつけてすぐその下から軒までを葺く形式である。切妻造の屋根の四方向に葺き下ろしの屋根を付けたものと解される。

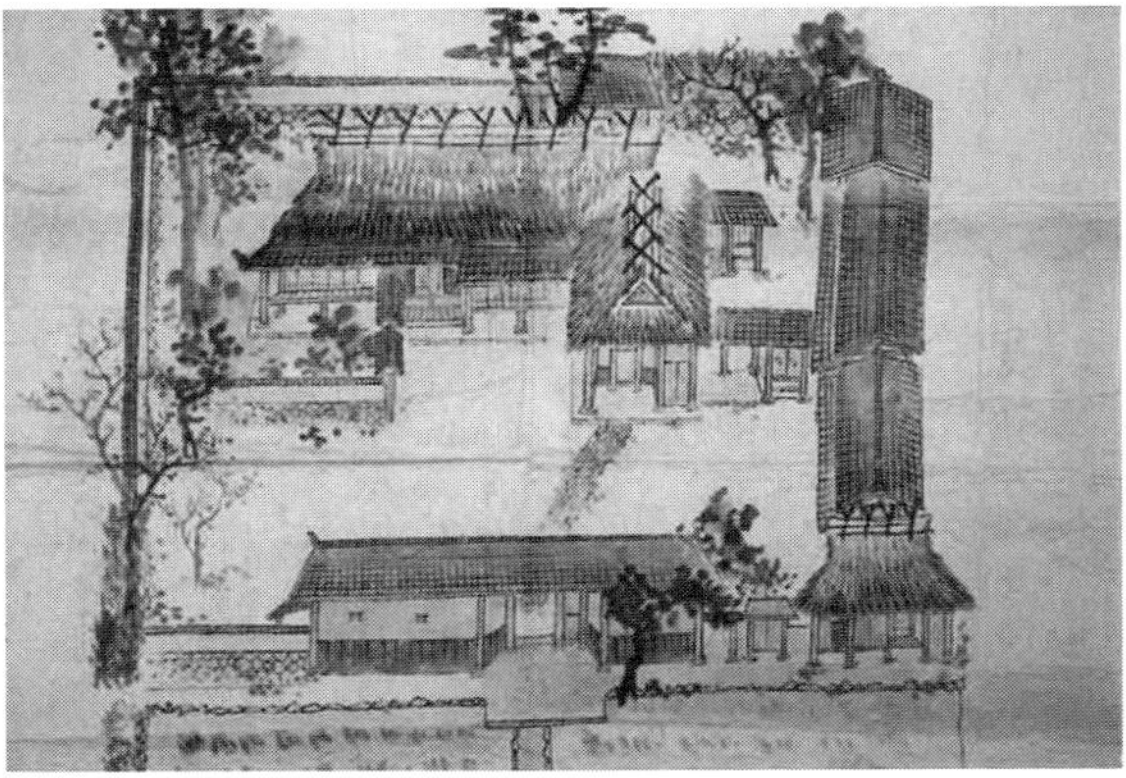
写真７　明治６年４月 中川儀左衛門宅

おそらくこの改築は私が記憶しているかつての建物には、屋根の四方が二段に分かれ、上段の大屋根は藁ぶき、下段の錣は瓦ぶきになっていた。想像するに当初は全屋根が切妻式の藁ぶき屋根であったものを、錣をつけてこの部分を瓦ぶきに改築したものであろう。しかしわが家に残る居宅俯瞰の絵図面には、明治六(一八七三)年中川重義代改と署名されていて、すでにこの錣らしきものが描かれているので、三－三〇号は部分的な改築を行った記録かもしれない。

## 六、家門

**三—二六「中川治郎右衛門大借に付、諸事売払不相続絶家之事」**

三—二六号には嘉永四（一八五一）年、中川治郎右衛門が多額の借金をして絶家したことが記されている。

中川治郎右衛門は先代に分家したが、天保年中以来、村名で方々から多額の借金をし、名目《みょうもく》銀《ぎん》なども借り入れて返済ができなくなり、田畑、林山は荒れ、家財道具一式売り払い、残りの金は本家の儀左衛門が弁済した。そのため治郎右衛門跡は相続できず断絶し、本人は本家へ大変心配をかけたということで、この件を記しておくとある。

ここで名目銀とは、江戸時代における金融制度の一種である。格式の高い門跡寺院や幕府と特別な関係にある寺社などが、堂舎の修復料そのほかなんらかの名目を冠した資金、すなわち名目金を武家や町人、農民に貸し付けたものである。

**三—二七「中川儀左衛門弟儀十郎建屋出来、分家為致候事」**

三—二七号には明治二（一八六九）年、中川儀左衛門の弟儀十郎が分家して居宅ができたと記されている。

**明治二年に一九石三斗あまりの田畑を分配して分家させ、諸木村の兵左衛門より買い受けた**

**建材と多くは新しい材木によって桁、梁を作り直し、もと治郎右衛門の古屋敷跡に棟上げをした。**

**大工は政八、木挽きは重之助が受取としてできたと記されている。**

現在玄孫中川悦光氏の代になり、わが屋敷の南側にこの居宅がある。

## 七、事件

**一―五八「字茶原芝ニ而繰芝居興行之時、穢多共場銭過分申請度申ニ付、穢多之巻物被見之事」**

一―五八号には**当村茶原芝で中川勘助が芝居興行をやろうとしたところ、穢多《えた》どもが大勢まいり場銭を過分に申し受けたいというので、穢多どもが所持していた免許巻物を被見したと記**されている。

この記録の中には差別用語として、今では死語になっている言葉が使われているが、記録の内容は差別ではなくむしろ被差別者の理解者としての立場を貫いており、あえてこの用語をそのまま用いて現代語訳を行った。

**当村茶原芝で人形芝居の興行をやろうとしたところ、穢多どもがやってきて過分に場銭を申し受けたいというので、少々遣わしいろいろ申し分を聞いてみたがなにぶんにも得心しよう**

としなかった。「私どもはこのような場合には場銭を申し受けることになっている」。すなわち「私どもの巻物にはご免と書かれている」というので、ご免許の書物を披見したいと申した。その上であればいかほどでも渡したいと言ったところ、しからばお目にかけたいと申していったんは帰った。翌日、穢多頭の四郎兵衛とそのほか四人が右の免許書を持参したので、庄屋中川儀左衛門宅にて中川祐介が立ち会い披見した。

元来、穢多と申すものは、往古祇園牛頭《ごず》天王のご先祖の縁太郎公が悪魔退治のとき、穢しき事を取り仕切りご用に立ったというもので、大唐から渡ってきたものとされている。

唐人の子孫のようにも聞こえ、これよりご免許の巻物を下され置くようにも見えた。後日のためにそのあらましを覚書に認めておく。ご免許書物には箇条書きでいろいろ書かれているが、披見した巻物は本紙（原本）ではなく写しである。大切に持参したということで尋ねたところ、本紙は京都の八幡にあるが、写しと言っても丹波にはこれ以外にないと言う。

一、宮社堂鳥居棟上げ供養の祝儀を給わる
一、鐘鋳の供養祝儀を給わる
一、上下家普請、棟上げ祝儀を給わる
一、婚礼事祝儀を給わる
一、年季法事の志を給わる
一、神事祭礼の祝儀を給わる

一、相撲能繰り哥舞妓等興行の所にては酒を呑べし
一、春荒田草の実を取べし
一、卯月八日の石楠華（シャクナゲ）売べし

右のほかにもかなりの箇条書がある。

商売にはいろいろ穢らはしきことがあるが、これを取り仕切る勤めが数カ条書かれている。あらまし披見したところで、「覚え書は右のとおりである」と申した。右のほかに箇条書としていろいろ書かれており、穢多どもに残らず読んで聞かせ、道理にかなっていることと、はずれていることを聞かせたところ、驚き入り「不調法を申し上げた段、なにぶんにもお許しくだされ」と謝りの体にて申し述べた。

「これまで私どもは巻物の内容を見たことがなく、もちろん読んで聞かせてくれる方もいなかった」。

「例年、巻物を虫干しし、先祖よりの伝聞を用いてきただけなので、不調法を申し上げた段は幾重にもお許しになられ、箇条書をご覧あそばされた件についてはご沙汰のなきようお願い奉る」というのである。

「今後当村内でどのような儀があろうとも不埒なる行いはつつしむので、このたびの儀もいか様になされてもご下知に従う」と申した。

それなら酒代として鳥目二百文を興行元から遣わすよう申しつけると言ったところ、有難く

存じ奉ると礼を述べた。

「ほかでは〆て（あわせて）二貫文（二千文）下されるよう申すのだが、ご慈悲にも右巻物ご覧くださり、なにぶんのご沙汰もなくなし下された」と申して帰って行った。

右のとおり不審に思い披見したのだが、後々の心得のためにこれを認めておく。

詳しくは覚書にあると記されている。

牛頭天王は日本における神仏習合の神である。釈迦の生誕地に因む祇園精舎の守護神とされている。京都東山祇園や播磨国広峰山に鎮座して祇園信仰の神（祇園神）ともされ、現在の八坂神社にあたる感神院祇園社から勧請されて全国の祇園社、天王社に祀られている。

**一－六一「当村江座頭不立入候事」**

一－六一号には元禄十四（一七〇一）年、当村の若い連中と座頭《ざとう》たちの間に諍いがあり、それ以来座頭が当村に来ることはなくなったと記されている。

先に座頭について触れておくが、江戸期における盲人の階級の一つである。これから転じて按摩、鍼灸、琵琶法師などへの呼びかけとしても用いられた。今日のような社会保障制度が整備されていなかった江戸時代、幕府は障害者保護政策として職能組合「座」（一種のギルド）を基に身体障害者に対し排他的かつ独占的職種を容認することで、障害者の経済的自立を図ろうとしたものである。

さて、当村の若い連中が茶講（今もこのような集まりはあるのかもしれないが、近所の者が集まって情報交換や親睦を深める場）の伊勢講を計画して、講親中川嘉右衛門、同人見与兵衛の二講に分かれて参宮のため下向した折のことである。亀山御城主青山因幡守殿のご法事があるということで、諸方から座頭が多数集まってきていたという。

その席にいた座頭のうち五十人余りが当村へきて、参宮の祝儀を賜りたいというので、両講へ二十人余りずつ振り分けて一飯を振る舞った。その上若者連中は、茶講で抜け参り同前であるので祝儀は出さないといったところ、なにぶん得心しないので一人に五銭ずつ銭を遣わした。座頭は悪口を申し立てどうしても得心しないので、是非もなく両講申し合わせて東講は河原へ、西講は宮の馬場へ座頭を引きだし、風呂敷も一緒に引きだして捨て置いたところ、座頭どもも寄りだしかね、はなはだ迷惑をこうむったという。

その後御奉行所へ訴えたると申したところ、京都では検校《けんぎょう》が訴え出に対して怒りだし、三銭、五銭でも限りなく祝儀をいただき一飯を振る舞ってもらったのなら、はなはだ申し分は立ちがたく、御奉行所へ罷り出ることは無用にせよと申したという。

これより当村へ座頭が来ることはなかったと記されている。

検校とは中世から近世にかけての日本の盲官（盲人の役職）の最高位の名称である。元々は平安時代から鎌倉時代に置かれた寺院や荘園の事務の監督役職名であったが、室町時代以降盲官の最高位の名称として定着したものである。

一－六一号の記録は若干の説明不足もあって、時間の流れと空間の位置について理解しがたい部分がないではないが、大筋においては記録の通りだろう。氷所村にとってはかつて経験したことがない災難であったに違いない。

**二－一六「大切之書物儀左衛門へ相渡し候事」**

二－一六号には天明元（一七八一）年、山田八左衛門様より下しおかれ拝領した証文および帯刀の件について、村中が連判した書付を儀左衛門へ渡したと記されている。

二月に儀八こと次郎右衛門が狂気し、一家中は無論村中まで世話を懸け難渋することになったので、同家の事故を書きつけて儀左衛門へ渡しておくことになったと記されている。

短い記録で主語が不明な点もあり委細はわからないが、つぎの二－一八号の記録とも関連がありそうである。

**二－一八「(儀八事) 中川次郎右衛門出家ニ相成候事」**

二－一八号には天明元（一七八一）年早春より、儀八こと中川次郎右衛門がいろいろ売り買いの商売をしたいというので、兄覚兵衛方から金を渡し、雑貨などを大坂より取り寄せて広く近在へ売り買いしていたところ、一年で凡そ四貫文目ほど間違えてしまうことになった。

二－一八号の記録はかなり長文であるが、二－一六号の儀八についての記録とつながっている。

兄覚兵衛がいろいろ調べてみたが原因がわからず、ついに儀八は乱気を起こし十二月六日の夜いなくなってしまった。儀八は日置村の護国寺へ来て出家したいというので、同寺の和尚、庄屋、年寄などが集まったが、乱気ではなく正気のようでもあるので是非もないということで護国寺にて出家させた。同十日に和尚、弟子の二人、水上庵の三組、庄屋、年寄そのほか組頭などおよそ三十人余りが集まり、その上悪魔祓いとやら、先祓いとやらのために鉄砲五丁を撃ちはなって賑やかに送り返したという。

早朝から右のように言ってきたのだが、なにぶんにも儀八はその意を得心せず帰って行ったようなので油断できず、一家とその家来が集まって、もし乱気で手向かってくれば縄を掛けようと覚悟していたところ、この通り賑々しく帰ってきてすぐに悪口を申し立てて手向かうので、是非もなく大勢で縄を掛けた。

それから日置村の役人方から遣僧を寄越し、かならず縄を掛けて油断することのないようにと言ってきた。一家中で相談し急いで大工四人をかけて牢をしつらえ、二十人手間をかけてようやく出来上がり、十五日に入牢させた。

かねてからの筆舌に尽くしがたい難渋は、年明けころからやっと正気になったように見え、ともかく出家させることになった。その上各国を回りたいというので、正月十八日に出牢させ、兄覚兵衛が京都へ召し連れ正殿のお寺でご奉公が聞き入れられ出家いたした。

それからまたまた隙を願いでて法華宗に改宗し、四月より身延山へ参り、九月に京都へ帰っていろいろ荒行を重ねるうちに両手の小指を切り落とし、二条河原で寒中に単衣もの一枚を纏うという乞食行を行い、極月（十二月の異称）に入り洛中洛外で加持祈祷を行うようになった。その都度十貫文ばかりの銭を手に入れたが、残らず非人や乞食たちにやったという。さらに御所方の西屋敷へまで加持祈祷にまいり、翌年正月には兼躰大納言様の加持依頼にあがり、紅紋の白袈裟で上人と号するよう仕ったという。

そのほか追々近国、在々にて加持祈祷を行うようになり、前代未聞の事でこのゆく末はいかがなることかと記されている。

古来から同姓同名の人物は多い。姓に関しては同じ村では姻戚あるいは分家の関係から同姓が多いことは容易に想像できるし、名に関して当時は同じような発想で名前を付けたために同姓同名の者が多くいる。しかも名跡《みょうせき》として家制度と密接に結びついて代々継承される個人名があったため、一層同姓同名の者が多く古文書などを調べるうえでまことに紛らわしい慣例があった。

二ー一八号に記録されている儀八も中川次郎右衛門であるが、この姓名は太平記の記録の中に何度も登場するが、おそらく複数の異なる人物であったと思われる。

## 二ー二三「京都大火事之事」

二―二三号には**天明九**（一七八九）**年正月二十九日、夜七つ時より大風が吹き京都市中で大火があった**と記されている。

一方、日本史年表には天明八（一七八八）年正月三十日に京都で大火があり、皇居が炎上したと記録されており、元号表記において一年の差が認められる。元号が改まった年は、布告された年の元日にさかのぼって新元号の元年とみなすいわゆる「立年改元」が一般的であるが、「氷所太平記」は元号が改まった年は古い元号とし翌年の元日から新元号とするいわゆる「越年元号」によって表記されているようである。京都大火が天明九年正月であったとする記録は改元の問題ではないが、以下は「氷所太平記」に記された元号表記を優先して用いることとする。

さらに「氷所太平記」には、**京都三条川原四条下るところの両替屋より出火して二十軒ほどが焼失し、辰巳風に乗って飛び火しそれより西は千本、北は上立売まで焼失した**ことが記されている。

**また北野天神様は燃えずに残り、禁裏様は残らず焼失したが、花山院様一軒は残った。天子様は聖護院へお移り、仙洞様は青蓮院へお移り、女院女一宮は大仏妙法院様へお移り、閑院宮様は同所智積院へお移りになった**と記されている。

天明の大火とは、天明八年一月三十日に京都で発生した火災である。出火場所の名をとって団栗焼《どんぐりや》け、また干支から申年《さるどし》の大火《たいか》とも呼ばれている。京都で発生した史上最大規模の火災で、御所、二条城、京都所司代などの要所を軒並み焼失したほか、当時の京都市街の八割以上が灰燼に帰した。被害は京都を焼け野原にした応仁の乱の戦火による焼亡をさらに上回るものとなり、その後の京都の経済にも深刻な打撃を与えた。

江戸時代の京都はこの前後にも宝永の大火と元治のどんどん焼けで市街の多くを焼失しており、これらを「京都の三大大火」と呼ぶことがある。日本史の記録には鴨川東側の宮川町団栗辻子（現在の京都市東山区宮川筋付近）の町家からの出火で、空き家への放火だったと書かれているが、「氷所太平記」はこの記録を新しく塗り替えることになるかもしれない。

# 第五章　隣村、村内のもめ事と和解

この章には「土地争い」、「水争い」、「山争い」など、村内または周辺村との係争関係の記録をまとめた。「氷所太平記」の記録の中で最も多くのページが割かれているのは、この係争関係の記録である。

すでに触れたが寛保二（一七四二）年、幕府は直轄領に対して、勘定奉行、寺社奉行、町奉行それに老中が加わった評定所において「公事方御定書」を仮編纂している。この御定書は犯罪と裁判についての定めで、原則は三奉行と京都所司代、大坂城代のみが閲覧を許された秘法であったという。当時の社会は「犯罪を犯せばどのような刑罰に処せられるかわからない」という恐怖心をあおって犯罪を抑止しようとする秘密主義が採られていた。しかし評定所では奉行の下で『棠蔭秘鑑』（天保十二年）という写本が作られ、裁判審理の場で利用されていたことが分かっている。また極秘裏に諸藩でも写本が流布し、その内容を把握して自藩の法令制定の参照としたため、ある種、日本国内統一法のようなものでもあった。

犯罪の内容とその刑罰を見ると、その処罰は現代社会に比べてはるかに重かったような気がするが、警察力や司法力の乏しいこの時代に、一罰百戒によって犯罪を未然に抑止することが求められたのではなかろうか。氷所村は幕府直轄領であったことから、原則的にこの公事方御定書が適用されたと思われるが、わずか基本法令八十カ条と刑事法令百カ条程度の定め書であったために、条文に一致しない、あるいはこれに該当しない係争も多く、事件のたびに京都所司代へ書面によって訴え出て裁きを受けるという手続きが繰り返し、繰り返し行われている。

話は変わるがこの時代にも稲作には用水の確保が不可欠であったし、特に田植時の水の確保は百姓にとって死活問題であった。広くこの地域には園部川と大堰川がありながら、慢性的に水不足に悩まされていた。特に氷所村のような山間地の村々では、用水を確保するためにため池に頼っており、地域の絵図ないしは地形図には、谷間から平野に出るあたりに小河川をせき止めてため池を作っていたことがうかがえる。後の章に記録されているが、氷所村でも上池《かみいけ》(富栄池《とみさかいけ》)と下池《しもいけ》を作って不足する用水の確保に努めようとしていたが、慢性的な水不足には絶えず悩まされ続けていた。「氷所太平記」には多くの紙面を割いて隣村との水争い(水論)が生々しく記録されている。

一方山争い(山論)は山の利用とその管理から生じる利害関係の争いである。山野からもたらされる自然の恵みは、自給自足を前提とする村人の生活とは切っても切れないものであった。村人の食料のほか、田畑の肥料(刈敷)や家畜の飼料、燃料となる薪木や炭、建築用材などの生活必需品の多くが近くの山から得られたものであったが、こうした生活必需材を得る山野のことを「入会山《いりあいやま》」と呼んだ。入会山は一カ村もしくは数カ村が共同で所有する

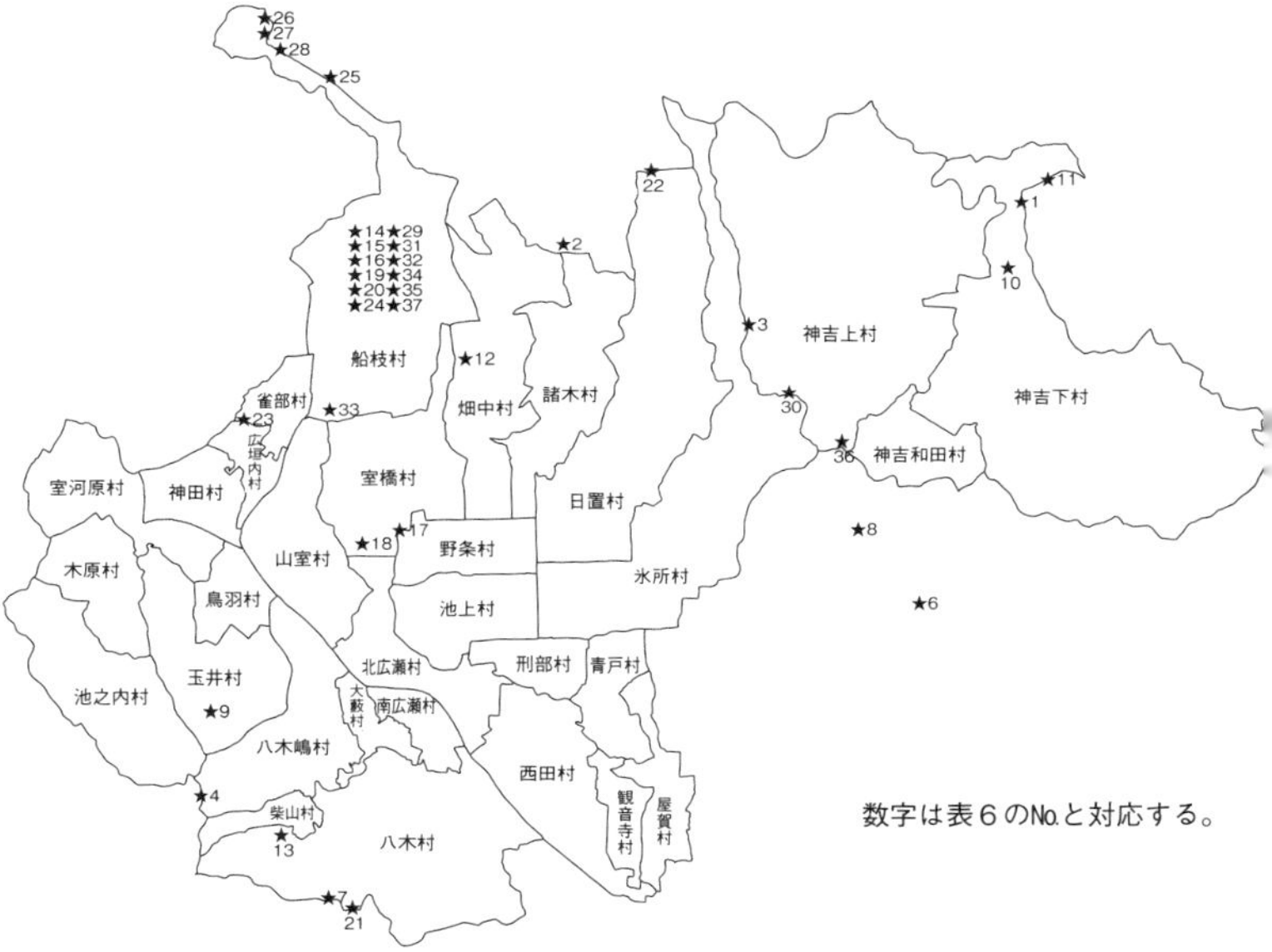


図５　八木町域山論分布図（『図説丹波八木の歴史』より）

ことが多かったが、なかには入会山をもたない村もあり、その場合には入会山を持つ村との間で、利用料や立ち入ることのできる範囲を取り決めることで、山への立ち入りが認められた例もあった。

『図説丹波八木の歴史』（第三巻）には、かつて八木町域で起こった三七件の山論が記されている。この中に寛文十二（一六七二）年〜享保八（一七二三）年の五十年間以上にまたがる氷所村と神吉上村との「梅の木谷」の係争、および文政二（一八一九）年の氷所村と神吉上村との「七曲り」の係争が記されているが、「氷所太平記」にはあらたな山論が残されておりこの記録を一新する資料を提供できるかも知れない。

## 八木町域山論一覧（『図説丹波八木の歴史』より）

| 当事者 | | 係争地　※1 | 年代　※2 |
|---|---|---|---|
| （A） | （B） | | |
| 吉和田村 | 長野村 | 不明 | 寛文年中（1661-73） |
| 木村・畑中村 | 野条村・池上村 | 御林山 | 寛文2年（1662）～元文2年（1737）10月 |
| 所村 | 神吉上村 | （梅の木谷） | 寛文12年（1672）～享保8年（1723）2月 |
| 口人村 | 八木嶋村・大籔村 | 奥ヶ原山 | 元禄7年（1694）3月25日 |
| 吉下村 | 越畑村 | 城州・丹州国境 | 元禄12年（1699）12月 |
| 田村 | 美濃田村 | 三又谷・谷口山 | 宝永4年（1707）5月24日 |
| 木村 | 神前 | 不明 | 宝永6年（1709）3月 |
| 田村・観音寺村・屋賀村・青戸村・濃田村 | 山階村 | 渋谷山（岩ヶ谷） | 享保3年（1718）6月12日 |
| 羽村 | 玉井村 | 入会山＝大鳥羽山（八坂より尾講田） | 享保6年（1721）5月10日～宝暦7年（1757）6月26日 |
| 吉和田村 | 神吉下村・神吉上村 | 立会山（口谷山） | 享保8年（1723）2月～寛保2年（1742）2月 |
| 吉上村・中地村・宇津村 | 長野村 | （碁石） | 享保8年（1723）5月2日～寛保2年（1742）2月 |
| 津村 | 畑中村 | （赤岩谷） | 享保10年（1725）4月 |
| 山村 | 八木村 | 不明 | 享保17年（1732）4月～文化元年（1804）8月 |
| 橋村 | 船枝村 | 千谷峠・千谷（岩ヶ谷） | 宝暦5年（1755）7月～文政9年（1826）12月 |
| 橋村 | 船枝村 | 千谷峠 | 明和7年（1770）7月8日 |
| 枝村 | 山室村・広垣内村・雀部村・熊原村 | 千谷山·内千谷（岩ヶ谷） | 安永4年（1775）8月25日～文政9年（1826）9月 |
| 橋村 | 野条村 | （白子谷） | 安永4年（1775）11月～文政7年（1824）8月 |
| 瀬村 | 室橋村 | 中山（流尾谷＝池之谷・奥池谷・白子山） | 安永5年（1776）1月～文化11年（1814）12月5日 |
| 山組合口郷十四ヶ村（船枝村・室村・諸木村・畑中村・野条村・池村・広瀬村・刑部村・山室村・熊村・雀部村・広垣内村） | 世木林村 | 千谷山 | 安永7年（1778）2月～10月 |
| 枝村 | 山室村 | （岩ヶ谷） | 天明2年（1782）3月 |
| 木村 | 西神前村 | 不明 | 天明4年（1784） |
| 置村 | 世木林村 | 不明 | 寛政3年（1791）3月24日 |
| 垣内村 | 雀部村 | （妙見） | 寛政11年（1799）10月 |
| 枝村・室橋村・山室村・熊原村・部村・広垣内村 | 世木宮村・中村 | 千谷（岩ヶ谷） | 文化6年（1809）2月 |
| 条村・諸木村・池上村・山室村・広瀬村 | 世木中村・宮村 | （鼾谷・寺谷） | 文化6年（1809）2月 |
| 木村・野条村・池上村・広瀬村・部村 | 上世木村 | （瀧谷・日の谷） | 文化6年（1809）3月 |
| 枝村・熊原村・雀部村・広垣内村・室村 | 世木中村 | （瀧谷） | 文化7年（1810）12月15日 |
| 木村・野条村・池上村・広瀬村・部村 | 世木林村 | （ひの谷・妙見） | 文化9年（1812）9月 |
| 枝村・諸木村・畑中村・野条村 | 山室村・雀部村・広垣内村・熊原村 | 内千谷（岩ヶ谷） | 文化13年（1816）3月 |
| 所村 | 神吉上村 | （七曲り） | 文政2年（1819）4月 |
| 枝村 | 室橋村 | 千谷山（岩ヶ谷） | 文政9年（1826）9月 |
| 枝村 | 清谷・室橋村 | （岩ヶ谷） | 不明 |
| 枝村 | 室橋村 | （城山） | 不明 |
| 枝村 | 室橋村 | 野山道 | 不明 |
| 枝村 | 野条村 | 野山道・千谷峠 | 不明 |
| 吉上村 | 和田村 | 龍王山 | 不明 |
| 条村・池上村 | 室橋村 | 十四カ村立会野山 | 不明 |

地名は山・谷等の広域地名を示し、字名等のより狭い地点を示す地名にはカッコ付した。なお、付図において係争地の場所が不明の場合、図5では当事者間の境界の中央に★をうった。

期間は必ずしも山論の発生と終結を示すものではなく調査した史料の範囲から確認できる上限と下限。

自然に根差した生活を基本とする江戸時代において、山野の用益は生活に不可欠な条件であり、共同体そのものの成立さえも支えていたことから、山野をみだりに開発したり、手入を怠ったりすることが資源の枯渇という、生活にかかわる重大事に直結することを江戸時代の人々は感覚的に知っていたのであろう。山論の訴状において、自らの権利を声だかに主張する文言や、誇張ともとれる表現が数多くみられるのは、多少大げさな表現を用いてでも裁きを有利に進めることで、山野の自然を守り、それを次世代に受け継いでいく必要があったからかも知れない。

## 一、土地争い

一－二三「**馬淵又左衛門田畑、地頭江上り地之事**」

一－二三号には明暦四（一六五八）年、山田八左衛門は旗本で当村に知行を所有していたが、当村の馬淵又左衛門がこの内二四石四升を所持していたにもかかわらず、年貢米を未進（納めないこと）につき、この田地が地頭所へ上り地となったと記されている。

同時に、中川勝介は山田殿の代官役を勤めていたので、右の田地二四石四升は山田殿より証文をつけて中川勝介へ永代下しおかれたため、馬淵又左衛門は家来四郎左衛門と申す者と共に土地を召し上げられた。この土地は永代中川勝介の子孫が配分所持することになったと記されている。

歴史年表によると明暦の年号は明暦三（一六五七）年までであるが、「氷所太平記」には明暦四年と表記されているのでこのまま用いることとする。

ここで記されている地頭とは、年貢を取り立てる役人のことで、もともとは都の貴族が自分の荘園の支配、治安維持、年貢の取り立てなどを任せた地侍のことである。また上り地とは幕府や藩に召し上げられた土地のことで、年貢を未納にすることによって上り地となったものである。この土地争いはのちに係争へと発展していくのだが、「第六章　御所、直訴」の「二、直訴」の部分に詳しく記されている。

**一－二四「家来四郎左衛門江上り田畑配分渡事」**

一－二四号には一－二三号で中川勝介が永代下しおかれた土地を家来四郎左衛門へ配分したことが記されている。

中川勝介拝領の地二四石四升の内、一三石分の田地と家屋敷を家来四郎左衛門へ渡した。もっとも請証文等を取り置き、譜代の家来に憐憫をもって召し抱えるとともに、家来四郎へ与えられた土地は子孫長右衛門、五郎兵衛、久兵衛、太左衛門の四人に分けたと記されている。

おそらくかつて馬淵又左衛門の譜代の家来を、憐憫の情をもって召し抱えたということであ

料金受取人払郵便

大阪北局
承　　認

1017

差出有効期間
平成30年5月
9日まで
（切手不要）

郵便はがき

553-8790

01

大阪市福島区海老江5-2-7-40

㈱風詠社

愛読者カード係 行

| | | | |
|---|---|---|---|
| ふりがな<br>お名前 | | 明治　大正<br>昭和　平成　　年生 | |
| ふりがな<br>ご住所 | □□□-□□□□ | | 性別<br>男 |
| お電話<br>番　号 | | ご職業 | |
| E-mail | | | |
| 書　名 | | | |
| お買上<br>書　店 | 都道<br>府県　　　　市区<br>郡 | 書店名 | |
| | | ご購入日 | 年　　月 |

本書をお買い求めになった動機は？
1. 書店店頭で見て　　2. インターネット書店で見て
3. 知人にすすめられて　　4. ホームページを見て
5. 広告、記事（新聞、雑誌、ポスター等）を見て（新聞、雑誌名

社の本をお買い求めいただき誠にありがとうございます。
愛読者カードは小社出版の企画等に役立たせていただきます。

| |
|---|
| ついてのご意見、ご感想をお聞かせください。<br>容について |
| バー、タイトル、帯について |
| 及び弊社刊行物に対するご意見、ご感想をお聞かせください。 |
| 読んでおもしろかった本やこれから読んでみたい本をお教えください。 |

| | |
|---|---|
| 読雑誌（複数可） | ご購読新聞<br>新聞 |

ありがとうございました。

様の個人情報は、小社からの連絡のみに使用します。社外に提供することは一切ません。

ろうか。

**一－二七「上り地田畑諸事の事」**

一－二七号には一－二三号および一－二四号に記された上り地に関する記録が記されている。**御高二四石四升の内、一三石は家来四郎左衛門へ渡してその子孫四人に分けて所持され、残高一一石四升の田畑は曾祖父勝介殿より子孫へ分割して渡し、儀左衛門、藤右衛門、九左衛門、治右衛門、祐介が所有した。万一あとあと馬淵氏の子孫より文句が出れば、万事この五人が弁明することとした。但し家来も久之丞の儀は祖先より藤左衛門へ付け置かれたと記されている**が、この件の久之丞と藤左衛門は、一連の出来事においてどのようなかかわりがあるのかよくわからない。

すでに触れたが、後日この一－二七号の記録を点検していた折、中川家の系図と照らし合わせてみると、ここに記されている祐介とは父中川勝介の長子である中川治郎衛門であることを確信した。しかし中川家の系図には祐介という名は記されていないし、諱は重忠と記されていて完全には一致しない。

## 二、水争い

**一－四八「日置村与水口論出入之事」**

一－四八号には享保八（一七二三）年、西隣の日置村と悪水抜き出し入れについて諍いがあったと記されている。

御代官玉虫左兵衛殿へ日置村から水場の悪水抜き出し入れについて申し入れがあった。庄屋中川次郎右衛門、年寄馬淵八右衛門、同人見助左衛門、同中川七兵衛、庄屋中川儀左衛門、年寄人見武左衛門、同中川伊右衛門等が村役にあたっていたが、段々御吟味が進んで日置村が敗訴し、字長類あかみ八ケ坪（日置村の南部馬田川沿いに赤見および八ケ坪という地名が見られ、条里型地割に基づく痕跡が残されている）に築堤するよう仰せつけられた。その後元文年中にまたまた日置村より訴えられ、御代官小堀左源太殿が御吟味になり、篠原数右衛門の見聞によって、理不尽にも定杭を申し付けられた。庄屋中川治右衛門、中川杢右衛門が村役の時節であると記されている。

ここに記された記録は用水の取水に関する争論ではなく、上流の日置村から下流の氷所村へ使用済みの用水つまり悪水を排出する方法をめぐる争論であった。

**一－四九「鎌谷川、山階村与相對の事」**

一－四九号には鎌谷川に徐々に土砂が流れ出してきたため、双方（杉村と山階村）より川浚え普請をするべく話し合ったが、久保の境に土砂落としを造るということになり、争論におよんだと記されている。

杉村と山階村の水論を検使するため、京都奉行所から与力の石黒三拾郎殿と元木平治右衛門殿がおいでになり、その席で山階村から鎌谷川尻の儀をお願い申し上げた。当村より庄屋次郎右衛門、年寄八右衛門、同助左衛門、同七兵衛、庄屋儀左衛門、年寄武左衛門、同伊右衛門等が罷りいで、少しずつお願い申し上げたところ、なんとか下流にて話し合い双方難渋なきよう仕るべしと仰せられた。双方下流にて相談し、悪水を総がかりで荒場所で受けるようにし、互いに川浚い普請をやめ荒林の中に土砂止めを造ることを決め、もめ事の争論は終わったと記されている。

鎌谷川は氷所より南東の山階村と南の杉村の間を流れる水無川（現在の三俣《みまた》川）で、地理的に氷所村の水利とは関係が少ないように思われるが、両村を仲裁する必要から氷所村の関係者が出かけたということであろう。

通常土砂留普請は土砂方の与力、同心が当該地域に出かけて現地を調査することから始まる。彼らは七～八月に普請が必要な場所を確定し、それをうけて村人たちは農閑期である秋から春にかけてその場所を補修するのであるが、その後必要な処置を行ったかどうかを再度二～三月にかけて与力たちが見聞するという行程であった。

**一―五一「悪水抜溝筋之儀ニ付、刑部村より出入申懸候事」**

一―五一号には宝暦元（一七五一）年、刑部村から悪水を抜く溝筋の件について諍いを申し掛けられたと記されている。

京都西奉行所より稲垣能登守殿と小林阿波守殿がご吟味になられ、双方地頭方へお預けになり、曖人《あつかいにん》佐切村庄屋八左衛門、越方村庄屋常右衛門、同村年寄次郎右衛門、亀山御領よりは中村庄屋太郎作、余部村庄屋沖右衛門等へ仰せつけられたけれども、遺恨があってご吟味はすすまなかった。氷所村から曖人を取り換えるよう願いがあり、先の曖人をとりやめてその上で神吉上村庄屋直七、並河村庄屋喜兵衛、篠村庄屋権右衛門、穴太南門前庄屋源助等へ仰せつけられ、漸く悪水抜き溝について筋を立てて落着いたした。当村役人は庄屋中川次郎右衛門、同中川孫七、年寄人見兵左衛門、人見七郎右衛門、中川三右衛門、中川市郎兵衛等の時分であると記されている。

曖人とは中世から近世にかけての日本で行われた紛争解決のための仲裁人および調停人のことである。

**一―五二「悪水抜溝筋西田村より出入申懸ケ候事」**

一―五二号には宝暦四（一七五四）年、西田村から争論を申し掛けられ、御代官小堀数馬殿にて御吟味がなされ、御検使がおくだりになり絵図を仰せつけられた。八木町の浦大川から畑中村の御林山まで、ならびに馬田川から戸坂までの絵図ができて双方押印し、その上で取り交わした証文に悪水を抜く溝幅を決めて落着した。当村役人として、庄屋中川儀左衛門、同中川藤右衛門、年寄人見兵左衛門、人見七郎右衛門、人見八郎兵衛、馬淵源八等の時分であると記されている。

一－五二号に記された絵図の作成に関して馬田川という名称が出ているが、私にとってはとても懐かしい少年時代の思い出の舞台である。氷所村に在住していた小学校低学年から中学年にかけてたびたびこの馬田川へ魚釣り（じゃこ獲り）に出かけた。川幅は二～三メートルほど、水深は一メートル前後で、川底の土砂を掻き上げただけの自然堰堤の農業用水路であったが、通年にわたってそこそこの水流があり、年中フナやモロコそれにタナゴなどの川魚が獲れた。同じく氷所村で誕生した父中川襄にとってもこの川はじゃこ獲りの場で、親子二代にわたっての思い出の舞台である。

**一－五六「下之池浦用水溝ニ付、村中与宝順出入之事」**

一－五六号には江戸時代初期の寛永年中、五味備前守が御代官の時節にできたという下の池は、かつては池浦用水溝があったとして、村中と宝順との間に諍いがあったと記されている。

享保二（一七一七）年、池浦用水溝を掘るのに際して、宝順から村方へ出入りを申しかけられたが、御代官小堀仁右衛門殿の御検分と吟味によって、これまで通りであるという裁きになった。池堤浦に三尺五寸の細道と幅二尺の溝筋を造り、漏水は無論、通水できるように作事されたと記されている。

一－五六号の記録にある下の池ができた寛永から、用水溝を作る享保時代までには百年近くの時間が経過しており、当時仮に用水溝があったとしてもすでに時効であると解するべきなのではないか。この宝順なる人物は一－三四号「元禄年中氷所村騒動之事」の中に、御所料の年貢を納める地主として登場している。また出入りとは本来「訴訟」のことを指すのだが、江戸時代には村落同士で山とか河川の権益を巡って山論とか水論と呼ばれる紛争になることが多く、こうした村落間の訴訟を「出入り」と呼んでいる。

**二－三四「日置村谷川尻之儀ニ付、度々争論之事」**

二－三四号には日置村から流れ出す谷川尻は、当村にては字長高の北頭の東西およそ四町の間に悪水となっていると記されている。

文化六（一八〇九）年冬より、少しずつ掛け合いしてきたが下では埒《らち》があかず、当村より東御役所へ出訴した。同年十二月二日、目当ての裏判を頂戴し、翌年二月二十九日に済状を下されることになった。御奉行様は森川越前守様、与力山田健次郎様、同心がご担当された。当村は村方より三、四人、日置村からは三組より九人、十人ずつ上京した。なお委しき儀は庄屋多兵衛方の代帳箱にあると記されている。

この谷川悪水の件はいったん解決したようにみえたが、水面が田面より六寸高く決まったので、日置村から五月二十六日に小堀中務様御役所へ出訴した。少しずつ御吟味の上、野条村久右衛門殿へ取扱いを仰せられ、七月二十六日に済状を差し出した。これも委しき儀を取り交わした済状は庄屋の箱にあると記されている。

裏判とは文書の裏側に押された花押のことで、特に裏書とともに裏判が記される場合には、その表側の文面内容を確定、保証および承認する意味が含まれることになり裏封とも称される。ここで与力と同心について触れておくが、与力は、同心とともに配属され、上官の補佐にあたった者である。そのなかで有名なものは町奉行配下の町方与力で、町奉行を補佐し、市中の行政・司法・警察の任にあたっていた例がある。

三ー一「日置村ヨリ悪水抜谷川尻ニ付、出入申掛候事」

三ー一号には文化十（一八一三）年、日置村谷川尻の悪水の件について訴訟におよび、いったん御奉行所へ和解の済状を差し出したが、翌年またも日置村から小堀様へ出願があったと記されている。

野条村の文右衛門があつかい人を仰せつけられて決着したが、二度に亘って取り交わした書類が村方帳箱にある。ただし損料米として毎年二石三斗三升ずつ受け取っていると記されている。

この記録は二−三四号「日置村谷川尻之儀ニ付、度々争論之事」と関連する水争いで、隣の日置村と氷所村が地形の上において宿命的に悪水抜きの問題を抱えていたことに他ならない。記録のとおり氷所村は日置村から毎年損米を受け取ることでしか解決できなかったということであろう。

三−二「**山階村より字鎌谷川尻之儀ニ付、故障出来之事**」

三−二号には山階村と字鎌谷川尻の件につき、差し障りが起こってお調べになったことが記されている。

**この時、交わした取替書を受取り置いた。もっとも村方帳箱にこれがある。但し同年、請負によって川床を堀増ししたために、字八ケ林の田地およそ五反半分、作高にしておよそ八石六升が池床に変った。この分は村方より弁償米として土地関係者へ渡す事になった。また黒鍬へは銀六貫目を二カ年間払って済んだと記されている。**

ここで黒鍬とは戦国時代や江戸時代に土木作業を行う専門家集団を指している。

## 三、山争い

**一－三八「宇津弐カ村より請山之事」**

一－三八号には氷所村と宇津二カ村の間で争論になっていた当村の山について和睦し、請山になったことが記されている。

古くから宇津山は当村から盗み取ったもので、毎度宇津村と争論になってきた。宝永年中の庄屋中川次郎右衛門、年寄中川九左衛門、同重兵衛、御所料庄屋人見次郎兵衛、年寄人見武左衛門、同市郎右衛門等が代理となって宇津二カ村と和睦の上請山とし、例年二月に請山の運上銀を差し遣わすようになったと記されている。

ところで請山とは、村と村との間の談合によって、事前に条件（期限・採取量・採取料金など）を決めて入会を許した山林である。宇津二カ村とは大堰川の上流にある日吉ダムの湛水池付近にあり、氷所村が神吉上村と境を接して細長く南北へ伸びた北端あたりがこの係争の山だったと思われる。

**一－四二「神吉上村与山論之事」**

一－四二号には元和元（一六一五）年、当村の甚吉という者が神吉村の者によって山中で打ち殺され、神吉村の下手人二人が牢獄へ入れられたと記されている。

この山騒動はもともと天正年中から争論になり、双方から山口駿河守殿へたびたび罷りでて対決に及んでいた。その後慶長十五（一六一〇）年、神吉上村から無理やり奪い取られ、ひんぱんに山中で喧嘩や口論に及んでいた。元和元年、双方この山中で多数によって喧嘩取っ組み合いになり、当村の人見甚吉と申す者が神吉上村の者によって打ち殺された。

板倉伊賀守殿へお届けしたところ、双方が召し出されてご吟味になり、甚吉を打ち殺したのは神吉村の次郎左衛門と与市の二人であると極まり、この二人のうち一人を成敗すると仰せられた。二人共獄舎に囚われておったところ、馬路村中川山竹および西田村平右衛門の両人が氷所村へ段々詫びを入れてまいり、是非におよばずということで堪忍するに至った。あわせてこの仕置きはお奉行伊賀守殿の御意次第ということであるが、両人ももっともの事であると申すので、御奉行所へこの通り申し上げ氷所村の者どもは奇特にも堪忍いたした。それより以降山の件は入会地になったと記されている。

たびたび触れるが、入会地とは村や部落などの村落共同体として総有した土地で、薪炭、用材、肥料用の落葉などを採取した入会山と、まぐさや屋根を葺くカヤなどを採取した草刈場の二種類に大別される。この場合は前の入会山を意味している。

記録にもどるが、重ねて狼藉があったことを早速訴えるよう仰せられたが、先の曖人《あつかいにん》が請け合うということで、詫び言いの証文を取ることで済ませた。

その後寛永九（一六三二）年、神吉から無理やり奪い取られ狼藉におよんだため、五味備後守殿へお届けしたところ、双方召し出されて対決させられ、先の詫び言いの一札を備後守殿へ差し出してご覧にいれたところ、当村に利があると仰せられ決着した。

しかしまたまた翌年神吉村より狼藉におよび、この山内にて当村の長右衛門と申す者、棒で頭を打たれ半死になったため、またまた備前守殿へ申し上げたところ、神吉村の者ども狼藉不届き千万と仰せられ、庄屋小兵衛に首枷をつけてお長屋へ入れ置かれたところ、段々詫びを言い漸く首枷ご免を仰せつけられた。

かつまた万治三（一六六〇）年中、またこの山中にて取っ組み合いの喧嘩騒動におよび、馬路村大庄屋角兵衛のとり嗳にて相すんだ（ただし諸書物は中川次郎右衛門方にある）と記されている。

一－四二号の記録は氷所村と神吉上村との間に起こった相当古い時代の山論である。国土地理院二万五千分の一の地形図で調べてみると、氷所村と神吉上村の村界は直線距離でおよそ四キロメートル（実際にはおそらくこの一・五～二倍の距離）におよび、村界のすべては四〇〇メートル前後の山中にある。

最近何度か車で氷所村から紅葉峠を越えて神吉上村へ入ってみた。車一台がようやく通れる山道がついており、この道がかつて神吉上村からは氷所村をとおって八木町へ通ずる唯一の生活道路であったに違いない。途中に村界を表す目印があった記憶はないが、ましてや凹凸の激しい山中において、村界が線状に明らかになっているとは到底考えられない。

当時の農村生活に必要不可欠な山林からの用益をめぐって、境界を接する両村の間で激しい山論におよんだことは容易に想像できる。

**一―四三「山論立會絵図出来之事」**

一―四三号には**寛文九**（一六六九）年、神吉村から狼藉され、御代官鈴木伊兵衛殿へお届けしたと記されている。

お番所雨宮対馬守殿へ召し出されて対決になったが決着せず、ふたたび御代官鈴木伊兵衛殿へ渡されて徐々にご吟味になり、元締め役人壺井市郎右衛門、村瀬与右衛門らが、神吉村から頼まれたのであろうか、双方へ絵図を作成するよう申し付けられた。立会絵図を認めるのなら双方庄屋、年寄印形いたすよう押して申されるので、是非もなく印形したのだが、その上でわがままに墨引きいたされ、谷数五三谷の内三四谷は神吉内山とし、残り一九谷は双方の入会場と申し付けられて驚愕した。

それから徐々に鈴木伊兵衛殿へお願い申し上げたがお取り上げされず、その後元締め村瀬与右衛門、久下五郎右衛門が論山をご見分下された。絵図に墨を引いて双方立会のうえ新たに傍所塚を築くよう申し付けられたが、人足として氷所村からは一人も出さず神吉村ばかりから出て新塚を築いた。そのため神吉村は勝ちに乗じて、出会いと申すところに新たに開いた田地に囲いをつけ、氷所村の山道を切りつぶし勝手に新道をつけたため、氷所村からは山道を通ることができなくなった。

宮崎若狭守殿、雨宮対馬守殿、前田安芸守殿へ少しずつこの趣をお願い申し上げたところ、お代官鈴木伊兵衛殿、元締め壺井市郎左衛門、村瀬与右衛門からお番所にて、氷所村が悪いと仰せられ、氷所村庄屋中川次郎右衛門、同人見善兵衛の二人が延宝二（一六七四）年二月から翌年二月まで禁牢（獄に未決囚あるいは受刑者を拘禁すること）を仰せつけられ、一か月に三度ずつお番所へ召し出され、「その方どもかたくなに得心しないのなら裁許破りとしてお仕置き申し付けるので、村総代へ一命を託すか」と仰せられた。

何度言われても料簡できず、いかようのお仕置きをいたされても是非に及ばず、我々ども身命を顧みることはないのでご大法に則っていかようにも仰せつけ下されと幾度も申し上げた。お奉行は、不憫なるものども是非に及ばぬと仰せつけられ、鈴木伊兵衛殿より日置村、諸木村、畑中村、長野村、神吉下村、同和田村、越畑村、西田村、観音寺村九カ村の庄屋に論山を見分しとり曖うよう仰せつけられたが、なにぶんにも氷所村が得心せずお断り申し上げた由（ただし諸書物は中川次郎右衛門方にこれあり）と記されている。

**一－四五「神吉村与山論、山絵図出来之事」**

一－四五号には享保六（一七二一）年、またまた神吉村と出入りにおよび、お奉行所諏訪肥後守殿、河野豊前守殿において対決したと記されている。

**ご検使として桜井孫兵衛殿、手代松岡団助、増井弥五左衛門殿、手代遠藤本右衛門に仰せつけられ、ご見分のうえ山絵図ならびに裁許書をお渡しになられ落着した**と記されている。

「裁許」とは本来下位者から上申され、上位者がその可否を判断することを指していた。ところが権力分立が成立していなかった当時、官司や権門内部においては行政判断のみならず、訴訟などの紛争解決の場においても同じような裁許の形式が採られていた。司法判断としての裁許およびそれを記した裁許状が多く残されたことから、裁許および裁許状を判決およびそれを記した文書と解されることが多いが、裁許には今日の裁判における判決のような強制力を伴わず、もっぱら上位者の見解を示して当事者間にその方向での和解を促すために出される要素が強かったという。

**一―四六「字出會荒芝、神吉上村より開発願之事」**

一―四六号には**宝暦九**（一七五九）年、**神吉より出会荒芝**（現在の紅葉峠西側をとおる新道と府道五〇号線が交差するあたりか）の開発願が出されたと記されている。

**お代官石原清左衛門殿へ願が出されてご見分されると聞き、驚きいりいろいろお断り申し上げたが、西田村の大芝開発ご検使の席に、是非ご見分なられるべく仰せそうろうにつき、往古よりの訳を逐一箇条書きにいたして、ご見分は迷惑であることを申し上げたところ、暫時お聞き届けになりご見分は取りやめになった**（願書の下書きは儀左衛門方にあり）と記されている。

写真８　神吉上村・神吉下村・神吉和田村・氷所村山論裁許絵図
（神吉上区有文書）（『図説丹波八木の歴史』より）

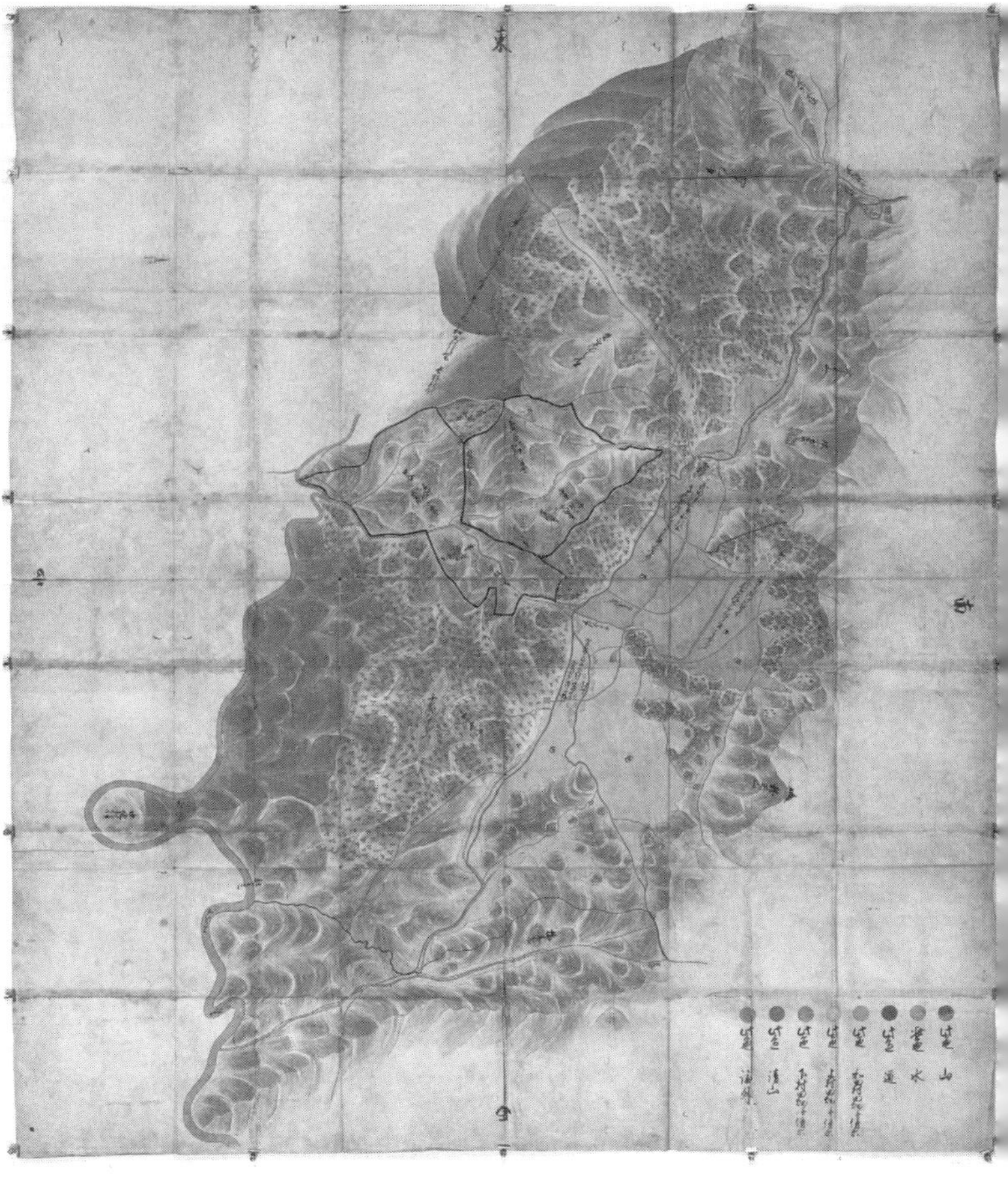

図６　神吉上村・神吉下村・神吉和田村・氷所村山論裁許絵図と
神吉上村・氷所村境絵図解説図（『図説丹波八木の歴史』より）

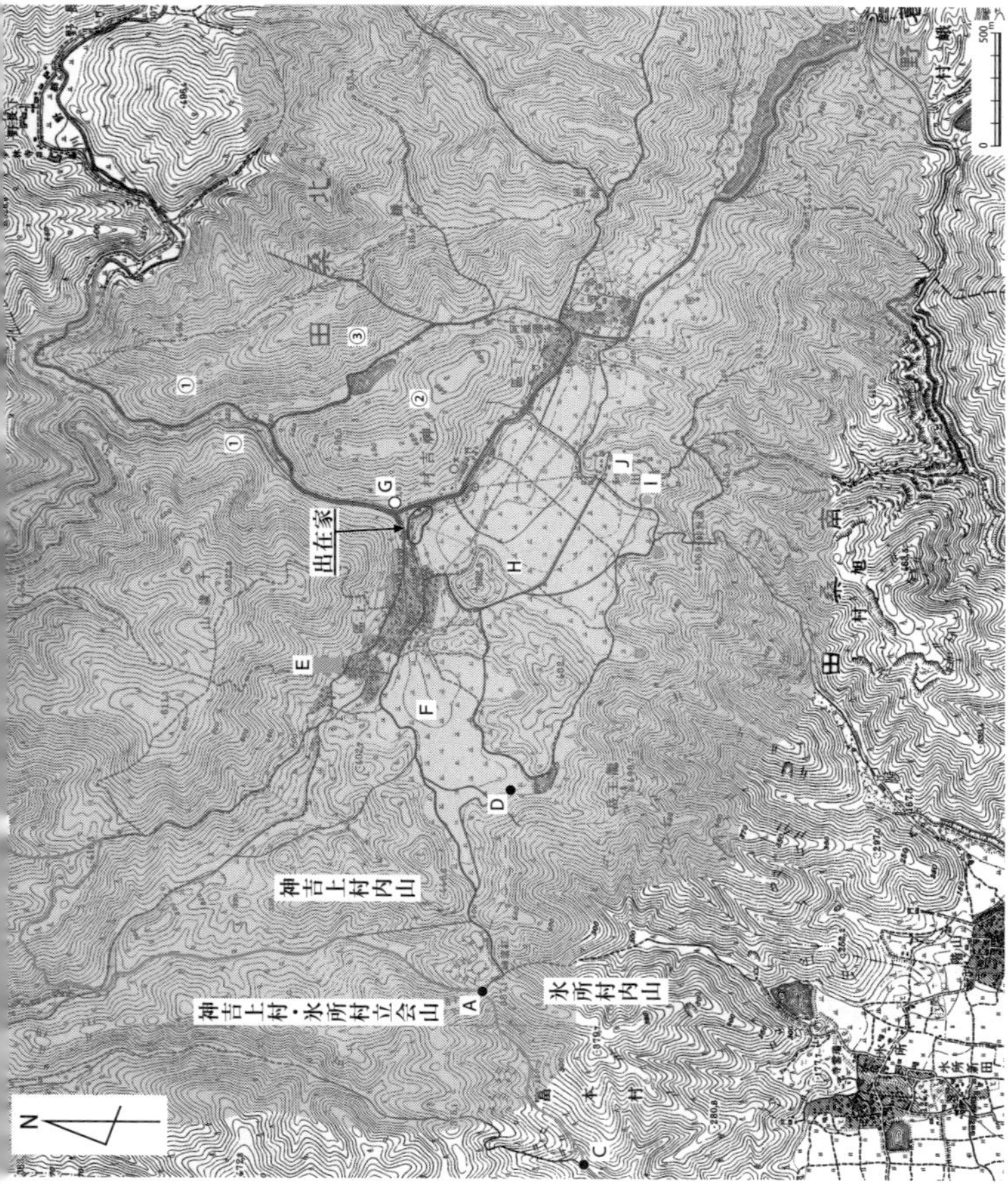


（大正11年測図、25000分の1地形図「神吉」部分）

三－三「**日置村より字中谷山境之儀ニ付、故障出来之事**」

三－三号には日置村と山論になり、字中谷山境（氷所村墓地周辺の山）について故障（差し障り）に至ったと記されている。

**戌年八月下旬より故障になり、子年七月出訴におよび釣未御糺のうえ**（元文のまま。訴えの内容や形式を確認したうえで）、**即ちお裏判を頂戴し厚くご理解仰せ渡されるにおよんで、示談により和合するよう仰せ渡され、おそれ入りたてまつり帰村し、当村重右衛門、日置村嶋御領治兵衛両人から曖人を頼み、十分時間をかけて取り組んだところ、双方納得のうえ調べが済んだ**（ただし済状三通ずつ両村に所持つかまつり候）と記されている。

## 四、諍いと騒動

一－二二「**中川、人見家与馬淵家不和之事**」

一－二二号には馬淵家がひとまず当村にて発向し（先に）、中川、人見両家へ敵たいしたと記されている。

なにぶん両家和合せず代々不和になり争論におよびいろいろの事があったところ、人見家と馬淵家の間に縁組があり、その後人見家とは和合したが中川家はなにぶん和合していない云々と記されている。

一―二二号は「第四章　村生活と祭礼」の「一、家系、血縁」の記録で触れたように、氷所村に古くから在住する中川、人見および馬淵氏の間で諍いがあったと思われる。

中川および人見氏は鎌倉時代の弘安年中（正確には正応年中）に氷所村に入って郷士となっている。一方馬淵氏は室町時代の大永年中に同様に郷士になっていることから、中川および人見氏は馬淵氏より二百四十年ほど先に氷所村に在住していたことになる。そうした点では、中川および人見氏は先住の者としての特権意識があったのかもしれない。

**一―三四「元禄年中氷所村騒動之事」**

一―三四号には元禄年間に氷所村で騒動が起こったと記されている。

その頃当村は二本所（二カ所の荘園実効支配者）に支配され、高二四五石は法皇様御料で中川九郎右衛門、人見市郎右衛門、人見武左衛門、人見与兵衛、人見新左衛門、人見次郎兵衛、中川治兵衛、中川宝順、人見八郎右衛門等はわがままにも、もう一方の幕府御蔵入りの百姓へ出作高（ある地域の住民が別の地域にある田畑を耕作すること）として免合（年貢高）を過分に割り付け、高一石につき三斗あまりずつ数年取り上げていたという。

一方のお蔵入りの百姓庄屋中川次郎右衛門、年寄中川九左衛門、中川重左衛門、中川七郎右衛門、人見立宣、人見源兵衛、中川佐兵衛等が徒党を組み、お代官小堀仁右衛門殿へ出訴して訴訟になった。徐々にご吟味になり、御所料の百姓の申し分が立ちがたくなり、同じ村内の事であるので出作高はなくなり、大小の百姓が立ち会い免割いたすよう仰せつけられ落着した。

その遺恨によっていろいろと村中で騒動が起こった。

その頃村中で山手組（？）に借金し、御所料にも過分の借金があったが、講物（？）いろいろの私物金銀残らず打ち破り、村方が二つに割れ「寝方組」と申した。

この二行の記録は意味不明で理解できない。

これより段々諍いにおよび、数年間村中で騒動が起こった。

正徳三（一七一三）年、ご裁許書によって必ず落着させるよう仰せられた。御所料の百姓の内、頭取（集団の頭）市郎右衛門、新左衛門、武左衛門、与兵衛、伝左衛門、彦左衛門等は百日の間手鎖《てぐさり》仰せつけられ、その後ようやく村中が収まった（ご裁許書きは中川次郎右衛門方にあり、これに詳しくみられる）と記されている。

手鎖とは江戸時代の刑罰で前に組んだ両手に鉄製で瓢箪型の手錠をかけ、一定期間自宅で謹慎させた。主に牢に収容する程ではない軽微な犯罪や未決囚に対して行われた刑罰である。

**一－三五「庄屋中川次郎右衛門閉門の事」**

一－三五号には庄屋中川次郎右衛門が村内の空地を勝手に買い取ったことが不届きであるとして閉門を仰せつかったと記されている。

元禄年中に当村から伊勢へ太々神楽《だいだいかぐら》の修行に参ろうとしたおり、費用のうち六百目が不足したので、河原治右衛門の西にあった空き地三畝を、村中で相談して永代証文を付けて、庄屋次郎右衛門へ売り渡した。

ここで伊勢の太々神楽とは、室町時代末期から江戸時代を通して、伊勢外宮の御師や社家の家で行われたもので、湯立（釜で湯を沸かす呪術儀礼）やへんばい（邪気を払う呪術的足踏み）などを重視する祈祷色の強い神楽のことである。御師や社家の神殿には神座が設けられ、勧請する両宮の神々に献上するため、あるいは参宮者の清めに用いるための釜が設けられ、その前で神楽や舞が奉納された。

さらに「氷所太平記」には、山三郎と申すものがこの場所に小家を建てたのだが、村騒動に乗じて次郎右衛門にこれを買い取るように申し掛け騒動に及んだ。

吟味のうえ、村中相談して売り払うよう申したのだが、次郎右衛門は庄屋役でありながら届出もせず、ご公儀の空地を買い取るのは不届きである。早々、もとどおり小家を取り払うよう申すべしとして閉門を仰せつかった。相手のもの頭取六人に対して百日間手鎖を仰せつけられた。

その後村方納得して相談し、次郎右衛門へ詫びを言い、戸坂の地（現在の富栄池奥の地か）で代替え地として荒林を渡したと記されている。

一―三五号の記録の背景として、江戸時代はまだ土地売買や贈与が制限されていて、現在のような意味での「所有権」は確立していない。明治時代になって土地の売買制限や利用制限などが緩和され、自由に土地を売買したり贈与したりできるようになり、現在のような意味での「所有権」が確立されている。

**一－五〇「氷所村本郷西氷所と分り、二株ニ相成候事」**

一－五〇号には享保十（一七二五）年、氷所村内が御所料百姓とお蔵入百姓の二株に割れたと記されている。

お蔵入の庄屋中川次郎右衛門、年寄馬淵八右衛門、同人見助左衛門、同中川七兵衛等に対し、御所料庄屋中川儀左衛門、年寄人見武左衛門、同中川伊右衛門等が右庄屋および年寄へ争論を申し掛けた。

代表者の中川傳左衛門、中川杢右衛門、同新平、人見七右衛門、同甚右衛門、中川弥助等が争論の趣旨と申すのは、村を二株にいたしたき存念があるという。かつて庄屋次郎右衛門、同儀左衛門は村方より銀十七貫目の取り込みがあり、村方一統はこれを破棄したい存念があると申し掛けてきた。この勘定を承りたいと申すので、お代官玉虫左兵衛殿にて段々ご吟味仰せつけられ、何の不調法、そのほか取り込みもないことが明らかになった。要らぬ勘定を掛けたということで、頭取の傳左衛門、杢右衛門、弥助、新平、甚右衛門、七右衛門等六人に五十日間の閉門が仰せつけられた。

ご裁許書をもって落着仰せつけられたが、なにぶん得心せず、ともかく株を二株に分けるよう仰せつけくださいとたって申すにつき、ご裁許破りとして、さらに五十日間右の六人の者に手錠を仰せつけられ、その上暫くの間、分納にて仕るべき旨仰せつけられて二株に分かれた。

同十二年四月三日いったん落着したが、三年にわたる騒動のためいろいろの事があって村は納まっていなかった。右年寄役を勤めた中川七兵衛は百姓方を裏返り、百姓方の出入りを後押ししたことが露見し、五十日間手錠を仰せつけられた。委細は中川次郎左衛門方に諸書物、ご裁許があると記されている。

一―五五「庄屋儀左衛門組名目銀借用難渋之事」

一―五五号には宝暦十二（一七六二）年六月、上納の名目銀三十貫目あまりを借用していたが、返納についてたびたび日延べをお願いしていたところ出訴になり、六人に過怠（過怠銭、過（科）料、過（科）銭、弁償などともいう）を仰せつけられたと記されている。

中川政之進、中川庄助、同孫次郎、同作右衛門、人見七郎左衛門、馬淵弥惣八、同金蔵代家来又助等は三年間の長い間にわたり難渋していた。

中川祐介が直訴した箇条書の中で、右の名目銀について町人共より借り受けたために難渋している様子を申し上げたところ、同四月江戸表より伊奈半左衛門様がお着きになって、この件に関して国中で手錠を掛けられているものが五千人余りもいるとお聞きした。過怠の件は東御役所で残らずご免になり、三十年賦で返納すべしと仰せられ、万民にとって際限なくありがたきことであると記されている。

先に述べたとおり名目銀《みょうもくぎん》とは江戸時代における金融制度の一種で、特に中期ごろより幕府はこの名目金貸付けに対し、公金貸付けと同様の貸借訴訟上の優先権を認めたので、公家や三家などでも、寺社にならってさかんに名目金貸付けを行うようになった。

二―二二「口丹波酒屋、米屋ニ付騒動之事」

二―二二号には天明七（一七八七）年十一月十日、小百姓（わずかの田畑を保有し耕作する百姓）が徒党を組んで近隣の酒屋、米屋を打ち破ったと記されている。

馬路村、屋賀村、観音寺村、保津村、川原尻村、そのほか村々の小百姓たちが山階村の河原へ徒党を組んで集まり、相談のうえ同月十九日夜、杉村の酒屋、土蔵、長屋門までうち破り、翌二十日上河内村の酒屋惣八を同様にうち破った。ついで野条村酒屋藤兵衛へかかり、駆けまわりながら「別条（別段のこと）ない」と断り申し、つぎに当村酒屋藤右衛門へ参るとのうわさが聞こえ、村人足五、六十人がでて断り申した。

つぎに池上筋を通って池上村へ参り庄屋喜兵衛を打ち破り、江嶋里村庄蔵を打ち破り、毘沙門村の米屋伝右衛門、つぎに保津舟渡し芝へ参り、亀山町酒屋へかかるころから、町奉行が出迎え徐々に制止したため退いた。それより寺村幸七へ参り、つづいて法貴村権右衛門、権左衛門、つづいて佐伯村退助を打ち破り、つぎに並河村兵右衛門、市之丞、つづいて川関村車屋を打ち破り、そして八木町裏芝で相談して園部町へ参ることとなったが、八木村役人が徐々に制止してさし止めた。

翌二十一日に村々へ退散いたしたところ、同二十三、四日ころより京都お奉行所より悲田院へ仰せつけられ、頭取のもの屋賀村にて十人、馬路村にて十人、そのほか村々合わせて七、八十人が入牢仰せつけられたが、この者たちはしばらくの間に牢死いたした。ようやく村々合わせて二十人ばかりが残り、この者どもはご赦免にて村々へ帰って行ったと記されている。

天明の打ちこわしと村方騒動については、『図説丹波八木の歴史』（第三巻）にも詳細に記されている。

この打ちこわしの背景は天明の飢饉であったが、打ちこわしそのものの発端はほんの些細な出来事であった。天明七（一七八七）年十一月七日に観音寺村と屋賀村の百姓が、困窮した村々の様子について話をしていたところ、「我々の困窮の原因は、酒造家が米や酒を買い占めているからだ」ということになった。これに同調した人々が集まりだして十九日の夜から二十二日にかけて、地域の酒屋、米屋、地主などの家を次々と打ちこわす事態に発展した。

八木町域では、十九日に観音寺の善蔵が、二十日には八木嶋村の丸屋左治兵衛がそれぞれ打ちこわされた。そののち、一揆勢は鳥羽村から上河内村を経て、園部方面へと向かった。この状況に園部藩では高槻および笹山の両藩へ援軍を頼み、亀山藩でも鎮圧に乗り出したため、一撲勢は解散して収束に至った。
その後、首謀者たちは所払いや六十日間の入牢といった処罰をうけたが、それまでの取り調べが厳しかったのであろうか、判決が下りるまでの間にほとんどの者が病死している。また、幕府は今回の騒動の一因が酒屋、米屋による米の買い占めにあるとの見解を示したことから、打ちこわされた商人や地主も「厳にいましめ置く」として罰せられたという。

表７　打ちこわしをうけた家
（『図説丹波八木の歴史』より）

| | | | |
|---|---|---|---|
| 11月19日 | 夜 | 北ノ庄村 | 藤左衛門 |
| | | 観音寺村 | 善蔵 |
| | | 杉　村 | 定右衛門 |
| 20日 | 夜 | 八木島村 | 丸屋左治兵衛 |
| | | 上河内村 | 宗八 |
| | | 池尻村 | 何某 |
| | | 〃 | 庄屋　何某 |
| | | 江島里村 | 清兵衛 |
| 21日 | 明方 | 毘沙門村 | 伝右衛門 |
| | | 〃 | 伝右衛門分家 |
| | | 国分村 | 猶八 |
| | 昼 | 余部村 | 治郎兵衛 |
| | | 寺　村 | 与市 |
| | | 法貴村 | 権右衛門 |
| | 夜 | 南条村 | 定右衛門 |
| | | 佐伯村 | 良助 |
| | | 太田村 | 一学 |
| | | 並河村 | 何某 |
| | | 千原村 | 何某 |
| 22日 | 朝 | 川関村 | 何某 |

備考：『新修　亀岡市史』本文編第２巻より転載

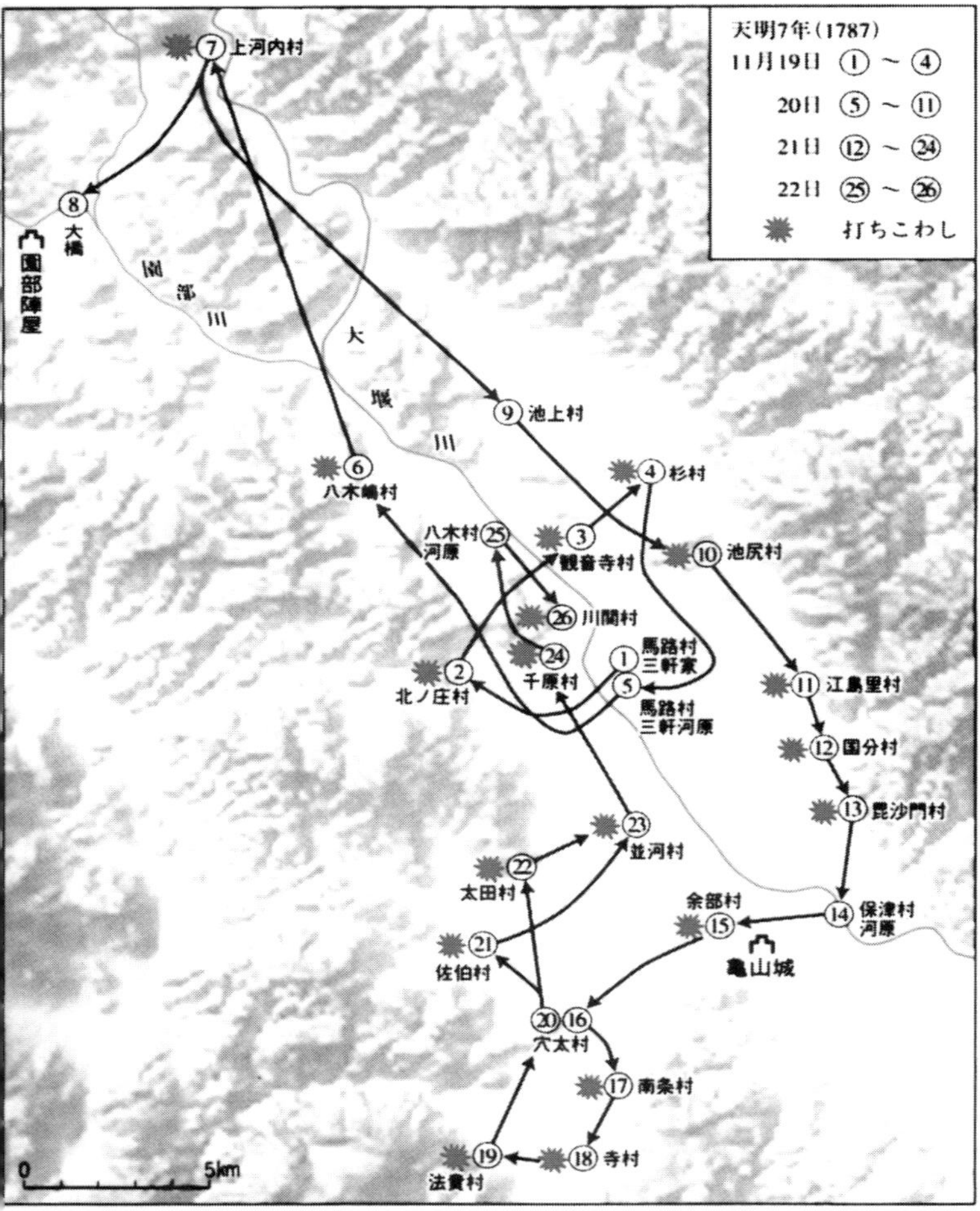


図７　天明の打ちこわしの進路（『新修　亀岡市史』本文編第２巻掲載図を加工）

（『図説丹波八木の歴史』より）

二ー三〇「宮座へ新田八幡講三拾五人出入申掛ケ候事」

二ー三〇号には寛政九（一七九七）から十年にかけての明神のご普請に際し、御殿桟敷は宮《みや》座《ざ》が支配してきたところ、新田講からの申し入れによって神主預けのお裁きで落着したと記されている。

御殿桟敷の儀は宮座によって支配されてきたことを会所において新田講へ申し渡された。これがきっかけとなってかれこれ目論見し、同十一年末の六月六日、お代官小堀縫殿様に願い出、同七月六日にお裏判をいただき、神主六人、宮総代左衛門、儀左衛門、藤右衛門、そのほかかりずつの上京して、公事方係の田原兵之進殿のところで徐々にご吟味が進み、七月十五日[illegible]られた。しかし新田講が納得せず、八月七日にまた双方がまかり出て、同十三日にやっと落着した。すなわち新田講から差し出された一札は神主預けとなり、その他の訴え状などはいっしょに控えおくことになった。詳しいことはその時の書留が神主方にあるという。

しかしふたたび村方が三組に分かれて庄屋も三人になり、右の出入りの件も同様に一所に一株と仰せられたので、証文写しも一所ずつに保存されている。すなわちお役所へ差し上げたとおり、写しを取り換えるため毎回お頼みすることになり、翌年正月に右の宮座総代左衛門、儀左衛門、幸七が印をついて新田講へ渡し、新田から差し出された書状は神主預けにしたと記されている。

宮座とは、地域の鎮守もしくは氏神である神社の祭祀にあたって、これに携わる村落内の特権的な組織およびそれを構成する資格者の集団である。専任の神職を持たず、宮座の構成員が年番で神主役を務める当家《とうや》制がとられていた例もある。

二－三二「**新田八幡講より再論申懸候事**」

二－三二号には享和四（一八〇四）年四月八日、新田八幡講より願書が出されてお裏判を頂戴したと記されている。

宮座総代の中川左衛門、同儀左衛門、人見幸七、庄屋代中川孫八等、五月六日に小堀縫殿様のお役所へ参ったところ、暫く旅宿にて控えているよう仰せ渡された。

係のお役人、田原兵之進殿から七月二十七日にお呼び出しがあり、二十八日にまかり出たところ、下方で済ませるよう仰せつけられて帰村した。先方の新田八幡講より、いずれになろうとも挨拶人を頼んで申したき趣を伝えたいといったが、その儀におよばず、かならず直談判で事を済ませるよう仰せつけられて、二十九日に双方帰村いたした。それより村方にて相対で数度立会におよび、八月下旬に済証文をかわし、八月二十八日にお役所へ差し出して決着した。

詳しくは、その折の訴状はもちろん、そのほか諸書付は神主のところにあると記されている。

**三－二四「宇津村請山値上ケ申然度々及掛合ニ直上之事」**

三－二四号には氷所村が所有する入会山を、宇津村へ請山として請け負わせてきたが、契約の内容に違反するにいたりこれを改めたと記されている。

**従前より宇津両村に入会山を請け負わせてきたが、もろもろの物価上昇や学校資金入用のため、請契約を戻してくれるよう頼んでみたが聞き入れられず、反対に先方からは契約改訂を申し掛けられる始末になった。このため請山金を一カ年につき四十五円に改め、立木を入札にて売り払った。半方は棟内（親族集団の単位である株内と同じ意味か）が取り立て、両方よりの出金方法を定めて三カ年の請山約定書を取り交わしたと記されている。**

宇津村をインターネットで調べてみると、かつての京都府北桑田郡（現京都市右京区京北中地町）にあり、日吉ダム湛水池から数キロメートル上流に宇津村の道路元標が立っている。

**三－二八「桑田郡宇津請山、両村へ返済相成候事」**

三－二八号には三－二四号との関連記録として、明治二十一（一八八八）年に宇津両村との請山契約を破棄して入会山を取り戻したと記されている。

**従来から氷所村の入会山を桑田郡宇津両村へ請山としてきたが、諸事高値になり運上金を値上げするよう度々申し掛けてきた。運上金を四十五円として約定してきたのに、大金であるので出金が難しいとか、売り払った立木代も出さないので、村方でたびたび相談して請山の約定**

を解消することとした。

交渉に入ったが先方が承知せず、なかなか大変な仕儀となったが、金子二十四円五十銭を弁済させて証書を取り戻した。当村の山役人である中川源治および中川治作が先方村方の戸長および役人とたびたび掛合い、明治二十一年四月に元通りになったと記されている。

おそらく「氷所太平記」のなかで、この記録が最も新しい時代の記録である。明治二十二（一八八九）年には大日本帝国憲法が発布され東海道本線が全通して、わが国が近代化に向かってひた走りだした時代であった。

## 五、和睦と仕置き

一－二六「馬淵久之丞と中川次郎右衛門和睦之事」

一－二六号は一－二五号の記録と関連があり、かつて出入りにおよんで不仲になっていた馬淵久之丞と中川次郎右衛門が和睦したと記されている。

右出入りが決着し、久之丞が治郎右衛門宅へ参って、「これまで代々お互いに争論を起こしてきたが、とてもこちらの言い分が通らず、残心なく得心したのでこの上はとにかく和睦したいので、すべて料簡いたされ、意趣、遺恨なく和睦下されー」と申した。次郎右衛門からは、

「そこもとにさえ得心して和睦するのであれば、この方にも別心なく互いに和睦したい」と申した。久之丞は、「しかる上は右の田地については少しも異論はないが、家来三人のもの達はかりそめにも慮外の至りで、恥ずべきことであれば、何卒家来をお戻しくださるわけにはまいりませんか」と申した。

もっともではあるが、先年ご証文に加えおかれた家来であるので、左様にもまいらないが慮外一通りの儀でもあるので、きっと以後慮外いたさせないと申しつけておくこととした。「もしまたこの上慮外の筋が起きれば、きっといか様にも申しつけください」と申すので、「左様お思い下されるのなら毛頭残心なくことの次第に添いたい」と申した。

趣旨を話して帰り、それより久之丞と治郎右衛門は和睦し互いに昵懇になったが、両人は同年の生まれで六十七歳の延享七（？）年十一月十二日に、京都と丹波に隔たっていたが、いかなる因縁であろうか同日に双方共病死いたした。右出入りは諸書物に委細が記されている。

一―二八「家来久兵衛、太左衛門兄弟之者不忠仕置之事」

一―二八号には明和三（一七六六）年七月、久兵衛、太左衛門兄弟が忠義の道をはずれ下知に従わないので、お代官小堀数馬殿へ今日までのいきさつをお届けしたと記されている。

早速、庄屋、年寄を連れて出頭するよう命じられご吟味を仰せつけられた。

久兵衛、太左衛門と申す者は先祖の代から不承の家来だったのですが、とりわけ私の親の代に忠義の道を外れたと聞いておりますと申し上げた。徐々にご吟味が進んで、同類の五郎兵衛、長左衛門も同様であるというので、この者共も召し出してお尋ね下されることになり、早速この二人も召し出された。

右の五郎兵衛および長右衛門の悴長七は幼少のころから祐介方に勤めていた。祐介が京都へ出かけるときには、留守を申し付け家中にいるよう命じていたのであるが、全く思い通りにならずいかがなることか。

五郎兵衛と長七の両人が罷り出て、意外にも久兵衛および太左衛門と徒党をいたしたと申した。同様に家来になった覚えはなく、当時半年季奉公ということで勤め出したというので、徐々にご吟味が厳しくなった。五郎兵衛および長七は直ちに手錠を掛けられ、久兵衛および太左衛門はお奉行所へ渡されて入籠し宿預けを仰せつけられた。

右四人の者ども驚き入って、庄屋儀左衛門、年寄七郎右衛門に詫びを申し上げたが聞き入れられなかった。小堀家の元締め役人の武富瀬兵衛および岩根紋左衛門から内々に、「家来のものども得心して詫びを言っているので、了簡して詫び証文をとり許してやってはどうか」ということになった。

不忠の儀につきなかなか軽々しく済ませ難かったが、「もしその方から言い出さなければ、幾年たっても済まず籠賄い方は不便でもあるし、わけてもその方の家来に難渋させても何の高名にもならないのではないか」ということになった。なにぶん了見して許してやってはどうかということを言い聞かされ、右四人より終生の詫び言いの一札を出させ、庄屋　年寄の奥書（書類に記載された事実が正しいことを証明するために、その末尾に書き入れた記事）と印をおして許し状を差し上げ落着した。

詫び言の一札済状にその委細はあると記されている。

# 第六章　御所、直訴

この章には、氷所村社会と切断することができない京都御所との関係および京都奉行所への直訴に関する記録をまとめた。

まず御所に関して、延暦十三（七九四）年の平安遷都時の内裏は、現在の京都御所よりも一・七キロ西の千本通り沿いにあった。現在の京都御所は、もと里内裏（内裏が火災で焼失した場合などに設けられた臨時の内裏）の一つであった土御門東洞院殿の地である。十四世紀半ばの南北朝時代から北朝側の内裏の所在地として定着し、明徳三（一三九二）年の南北朝の合一以後、ここが正式の皇居となって明治二（一八六九）年、明治天皇の東京行幸時まで存続した。

土御門東洞院殿は、元弘元年（一三三一）年、後醍醐天皇が京都を脱出した後に鎌倉幕府が擁立した光厳天皇がこれを里内裏として以降、明治天皇の東京行幸に至るまで約五百五十年間にわたって使用され続けた内裏である。当初は一町四方の敷地だったが、足利義満によって敷地が拡大され、その後織田信長や豊臣秀吉による整備を経て現在の様相がほぼ固まった。内裏は江戸時代だけでも八回も再建されており、このうち慶長度と寛永度は旧殿を取り壊して建て替え、それ以外は火災焼失による再建である。特に寛政度の再建は、裏松光世による平安内裏の考証を多く取り入れた復古様式となった。現存の内裏は幕末の安政二（一八五五）年に、寛政内裏の様式をほぼ踏襲して再建されたもので、安政内裏と呼ばれている。

現代の京都御所は土御門東洞院内裏そのものではなく、土御門東洞院内裏を基に拡充され、幕末の慶応年間に今日の敷地面積が確定したものである。

明治十年（一八七七）年、東京の皇居に移った明治天皇が京都を訪れた際、東幸後十年も経ずして施設及び周辺の環境の荒廃が進んでいた京都御所の様子を嘆き、「京都御所を保存し旧観を維持すべし」と宮内省に命じた。

明治から大正にかけ、内侍所（賢所）や対屋（女官宿舎）などの建物が撤去されたが、昭和二十（一九四五）年には、総建築面積の半数近くが建物疎開（空襲による類焼防止）の名のもとに解体された。また、昭和二十九（一九五四）年には、近隣で打ち上げられた花火が飛来して小御所が焼失している。その後一九七〇年代前半にかけて、焼失した小御所や戦時中に解体された渡廊下などの一部が復元され、現在に至っている。

京都御所に隣接して京都大宮御所、仙洞御所がある。京都大宮御所は、後水尾天皇の中宮の東福門院のために造進されたのに始まり、現在の建物は英照皇太后（孝明天皇女御）のために造営され、慶応三（一八六七）年に完成したものである。現在は天皇、皇后、皇太子および皇太子妃の京都府への行幸啓（旅行）の際の宿泊や国賓の宿泊に使用されている。仙洞御所は後水尾上皇の退位後の住まいとして造られたものだが、現在は庭園と茶室を残すのみである。

現在は京都御所、京都大宮御所と仙洞御所は国有財産で、宮内庁が管轄する「皇室用財産」に分類されており、これらの周囲の国民公園である京都御苑を環境省が管理している。京都市民は京都御苑も含めて、単に「御所」と呼ぶことが多い。

つづいて直訴に関して、近世において一般民衆（農民、町人）や下級武士を原告とした訴訟は、原則的に所轄の奉行所などが取り扱うこととなっていた。この原則を回避して直接、将軍や幕閣に訴える行為を直訴と呼んだ。また、本来の手続きや担当者を「飛び越して」行われることから、越訴《おっそ》とも言われた。その方法として外出中の駕籠に駆け寄る方法を取ることも多く、それを駕籠訴と言った。

世間に流布された直訴のイメージは年貢の減免や悪代官などの不正を農民が訴えるなどという今日の行政訴訟に該当する事案がほとんどであったように誤解されている。しかし実際には民事事件が直訴のほとんどを占めていた。これは近世の訴訟手続き上一般民衆が訴えを提起するには、所属する町や村の役人の同意が必要とされていたことに起因している。例えば江戸町民を原告とする民事事件では最初に原告が所属する町役人に事件の相談を行う。相談を受けた町役人は被告側の町役人経由で調停を行い、その結果調停による解決が不可能であると判断して初めて町奉行所に訴えを提起することができた。いわゆる現在でいうところの調停前置制度である。この町役人の調停に当事者が不満を抱いた場合「町役人が怠慢で真面目に活動していない」あるいは「相手方と結託してこちらに不利な調停を行っている」などの理由を挙げて町役人の同意なしに「直ちに訴訟を受け付けて欲しい」として直訴が行われた。

また町民側の調停力や裁判権が及びにくい武家や寺社などの特権階級を相手方とする民事事件でも直訴が行われた。この場合には幕閣のみならず相手の武家の上役や親類筋などにも直訴が行われた。そして刑事事件においても再審理や刑の減免などを願う駕籠訴が行われており、現実には民事、刑事、行政それぞれの訴訟分野で直訴が行われていた。旧事諮問録に収録されている元評定所留役の小俣景徳の談話によると「越訴（直訴）は毎日二、三人あった」とされており直訴は特別な行為ではなく日常茶飯事であった事がうかがわれる。またそれらの直訴の取り扱いは「不法行為ではあるが事柄によっては取り上げられることもありましたがほとんどは廃棄されました」と述べており、正規の手続きを経ていない直訴であっても訴えの内容を確認した上で受理または不受理を決定していた事がうかがわれる。



## 一、御所

### 一－七「内裏御庭、御田植之事」

一－七号には元禄年中、霊元院法皇様の御殿にある荒芝に田植をしたと記されている。

霊元院法皇様御殿のお庭に三反歩ばかりの荒芝があったが、お代官小堀仁右衛門殿から氷所村の中川次郎右衛門に、右の芝間の田地を開発してお田植をするよう申し付けられた。早速、次郎右衛門の見立てによって、牛馬、人足は加茂から呼び寄せ、お田植の早乙女十二人に、跡代人（？）三人は男を召し連れて上京した。次郎右衛門一行はお取次ぎ諸大夫《しょだいぶ》（四位または五位の位階を授けられた者の総称）加藤西市正殿のお指図でお田植を行った。

法皇様は御簾中よりこの様子をご覧あそばされ、昼飯としていろいろの煮つけを添えた強飯（米をせいろうで蒸した飯のこと）とお菓子、ご酒、それにいろいろな肴を頂戴した。これらを御簾の中前で給わるよう仰せられ、おそれ入り奉りかえって迷惑をかけることになった。別けても、男女とも人柄見苦しくなく、声の良いものを見立てて召し連れるよう仰せつけられており、お田植に合わせて「田哥」を歌わせるよう仰せつけられた。

お田植が終わって御簾中前へ中川次郎右衛門が呼び出され、早乙女男女等を召し連れてまかり出たところ、田植えの哥を歌わせるよう仰せつけられ、恐れ入り奉りはなはだご迷惑をかけることになった。早乙女、跡代人ともに一人に鳥目一貫文ずつ下され、合わせて諸入用銀もいただいた。中川次郎右衛門へは金子三百疋を下された。

その後、霊元院法皇様崩御の後、この行事は途絶えた。

内裏の庭で田植歌を歌いながら田植する様子は、古典的行事の再現風景として見たことがあるが、何とも牧歌的な古典の景色である。もちろん氷所村が霊元院法皇の所領であったことから、この大役が氷所村にあたったのであるが、ここに出てくる次郎右衛門は御所料庄屋だったのだろうか。

一一一三「**内裏江六月朔日氷り奉献事**」

一一一三号には文応年中の亀山院の時代に、当村氷室山の氷を六月朔日《ついたち》に内裏へ献上したと記されている。

氷を持ちゆく人は、都の西鳴滝というところへ行き、はかり所（持参した氷の目方を量るところであろうか）へ持っていった。

そのころ禁裏に宮仕え人の女官で鳴滝殿という美女がおり、ここへ参り幕を引かせて酒宴して遊ばれた。氷を持ちゆく人の隙間から一目見て恋慕《れんぼ》し、氷を持ちゆくことを忘れ、足が立たなくなり命を失ったとある。

鳴滝殿が心をくだかれ、賤《いや》しい男であるがわが哥に返歌しなければ心に従わんとばかり、

女官　哥に黒鳥《くろからす》、黒鳥、心なかけそくろからす、九重の塔と思う我身を
男　黒鳥羽打たてて飛ぶ時は、九重の塔も下にこそみれ
女官　黒鳥、黒鳥、心なかけそ黒鳥、竹の林と思う我身を
男　時鳥《ほととぎす》うぐいす鳥の身になりて、竹の林に一夜すまはや
女官　およひなき雲のうへなる鳴滝に、心なかけそ山田おのこに

男　六月の日てりの内に苗ふすお、鳴滝落ちて山田たすけよ

と言って絶えた。

御上にも不憫と思われ、鳴滝のもとを歩荒神と言われたという。しかし「歩」の文字を嫌われたようで、お湯の御子に託して、清荒神と改められたのが今の鳴滝の明神であると記されている。

ただいまこの地には嵐電北野線の「鳴滝」駅があり、昔、ある雨上がりの午後、川の滝がゴウゴウと鳴り響き、人々に大洪水が来るのを知らせ、鳴滝の里と呼ばれるようなったという伝説がある。

一―一七「霊元院法皇様御位牌建立之事」

一―一七号には享保十七（一七三二）年、霊元院法皇様がお亡くなりになり、お位牌を建立したと記されている。

当村の内、御所料の年貢は延宝年中のご検地の際、霊元院様の勅免（勅命による赦免）によって新検地は免じられた。もちろん瑞雲寺の除地の件も同様であった（一―六号に除地の詳細が記されている）。当村にとって冥加につき、村中から瑞雲寺に頼んでお位牌を建立した（委細はご検地旧記に見られる）と記されている。

**二－二四「閑院様焼失後御造営之事」**

二－二四号には寛政元（一七八九）年正月、閑院様が焼失した後、ご造営が始まったと記されている。**竹五十束を献上し、御殿普請六月十三日に完成し、**十三日にお移りになった。中川喜内と記されている。

ここで閑院様とは、伏見宮家、桂宮家、有栖川宮家と並ぶ四親王家の一つで、宝永七（一七一〇）年に東山天皇の皇子直仁親王を始祖として創立され、公家町南西部に屋敷を構えた。創建当初の建物は天明の大火（一七八八）年で焼失し、その後再建されているが、現在の建物との関係など詳しいことはわかっていない。

## 二、直訴

**一－二五「馬淵又左衛門長男新之丞より地頭江上り田地之儀ニ付、中川勝介長男次郎右衛門江出入申懸候事」**

一－二五号は一－二三号「馬淵又左衛門田畑、地頭江上り地之事」と関連する記録で、天和年中に**馬淵新之丞からご地頭山田殿を通して、京都町奉行所へ上り地になった田地を取り戻し**

たき旨お願い申し上げたと記されている。

しかし奉行所は貪着《とんじゃく》もない（深く気にかけてこだわらない）ので江戸表へ罷り下り、中川次郎右衛門を相手に訴訟を起こしご八判を頂戴いたした。

江戸時代の民事訴訟（出入筋）では、原告である訴訟人が提出した目安（訴状）に、奉行所などの訴訟機関が受理したことを示す裏判（裏書）が行われた。寺社奉行四名、町奉行二名、公事方勘定奉行二名の裏判を必要としたことから「八判」と呼ばれた。

これによって、お代官小堀仁右衛門にてご吟味が始まったが、以前からご地頭山田八左衛門殿より頂戴した証文を差し出したところ、早速に決着して新之丞が非分（道理にはずれている）となった。その後元禄四（一六九一）年、新之丞からお代官大津小野半之助殿へお願い申し上げて争論におよんだが、右の趣旨を逐一申し上げて早速落着いたした。その後宝永三（一七〇六）年、新之丞の悴、沢次郎と申す者、弟中川次郎右衛門を相手に、小堀仁右衛門殿へまたまたお願い申し上げたので、右の段を申し上げたところ、ご吟味の上、ご証文のとおりと仰せつけられて落着した。

沢次郎の弟久之丞と申す者が、享保六（一七二一）年に三位持明院様へお勤めしていたので、三位様から松下城助に口添えさせて、京都ご奉行所諏訪備後守殿、河野豊前守殿へ願い出た。当村先々庄屋、年寄馬淵八左衛門、人見太郎左衛門、人見新左衛門、人見与兵衛、人見市郎右衛門、人見勘助、中川九郎右衛門、人見武左衛門、人見助左衛門、中川七兵衛、同傳左衛門、そのほか家来三人、以上十四人が召し出されて徐々にご吟味になったところ、これまでの趣を逐一申し上げ、古くからのご証文をご覧になり早速先規のとおり非分と仰せられて決着した。

久之丞にとって、はなはだ不首尾にて、持明院三位様からお暇を下しおかれた（右のご証文数通、中川次郎右衛門方に所持）と記されている。

馬淵又左衛門の土地が上り地になったのは明暦四（一六五八）年で、久之丞が持明院様へ願い出た享保六（一七二一）年までにおよそ六十年が経過している。この間訴訟は馬淵又左衛門から長男新之丞、新之丞から忰沢次郎、沢次郎から弟久之丞へ引き継がれて連綿と続いているが、この時代の田畑に対する執着のすさまじさを物語っている一件である。

**一－四四「氷所村庄屋弐人獄舎被仰付、非分ニ付江戸表江御願ニ罷下り申候事、御八判頂戴之事」**

一－四四号には延宝二（一六七四）年八月、一－四二号、一－四三号の記録のとおり、庄屋二人が神吉村との山論によって投獄されていたが、庄屋を救済するため直訴におよんだと記されている。

これまでご諸司（役人）永井伊賀守様へ何度も訴え申し上げてきたが取り上げられず、ご諸司様が江戸表へおくだりになる道中をねらって、三条橋のところでお乗り物へ直訴した。

ようやくご廟の芝でお取り上げいただき、目安（訴状）をご覧のうえ江戸へ勝手に罷り下るよう仰せつけられた。それより中川藤左衛門、同伊右衛門、同作助、人見七左衛門等江戸表へ罷り下り、追々ご直訴申し上げたところ、上方へ罷り上る能勢日向守様、前田安芸守様へお願いするよう仰せつけられた。ご八判を頂戴して前田安芸守様、能勢日向守様、五味藤九郎様へ差し上げ、お立合いのうえ吟味され、この新開場は先規のとおり入会山として、牛馬の料場とするよう仰せつけられ元の荒場となった。

庄屋二人は同年三月におよそ一年ぶりに籠舎から解放された。それより元禄、宝永、正徳年中、この山中において度々取っ組み合いの喧嘩、口論などいろいろのことがあった。

詳しき諸書物は次郎右衛門方にあると記されている。

この時代、京都から江戸まで徒歩で片道十三日から十五日前後かかっていたようである。江戸日本橋から京都三条大橋までの距離は四九二キロメートルあるので、十五日とすると一日平均三三キロメートル歩くことになる。元禄年間に日本に滞在したドイツ人医師ケンペルは、二回江戸まで行っているが、一度目は三月二日に京都を出発し、途中駕籠や馬に乗るものの、三月十三日に江戸に到着し、十二日の旅であった。

当時の氷所村人にとって、どのような思いが江戸までの道中を支えつづけたのであろうか。

## 一−五三「御公儀御政道之儀ニ付、中川次郎右衛門ケ條書を以、御箱直訴之事」

一－五三号には宝暦二（一七五二）年二月四日、京都東町奉行所のご門前で、箇条書によって箱訴したことが記されている。

四年後の二月二十日に、西町奉行所の稲垣能登守殿から呼び出され、東町奉行所小林阿波守殿のご諸司お目付けおよび百日お目付けのお立合いのもとで、大切なる儀をご直訴したのであるが、江戸表では貪着《とんじゃく》ないということで、その方へ見せ焼却するよう封をしてお渡しになられた。

今日門前で焼却するよう申し付けたので、見届けて帰るよう仰せ渡された。ご門前にて与力、同心、そのほか小者四人、杉葉二束をふみすき、手桶二つに杓二本、添水を入れて持参し、直訴状を焼却した。しかし本紙ではなく写しを焼却したように見えた。言上の下書きに委しく残されている。

右のとおり、焼却を仰せつけられたが、箇条書の内、愛宕山、叡山のご修復はその後早速できあがったと記されている。

箱訴とは八代将軍徳川吉宗が、庶民からの直訴を受けるために設けた制度で、評定所門前に置いた目安箱に訴状を投げ入れさせたのでこの名がついた。

**一－五四「御政道之儀ニ付、中川祐介（次郎右衛門改名）再應御直訴之事」**

一－五四号には宝暦十二（一七六二）年二月四日、一－五三号に記録されている箇条書の箱訴はいったん却下されたが、再度直訴したと記録されている。

箇条書を以て直訴したところ、同五月十二日東町奉行所、小林阿波守殿から召され、「当二月四日に江戸表へご直訴したか」とお尋ねになり、「私が直訴いたしました」と申し上げた。「このことは庄屋、年寄へ相談して行ったのか」と尋ねられたので、「庄屋、年寄はもちろん妻子にも相談はしていない」と申し上げたところ、「右直訴箇条書の内、第六六項の回国の旅人に施行宿をいたし、日本六十余州の事情を承ったようにあるが、このことは庄屋、年寄へ断って宿をいたしたのか」と仰せられたので、「私の願心からやったもので庄屋、年寄に断っていない」と申し上げたところ、「その話を口書するよう」仰せつけられた。

旅宿にて控えているよう仰せ渡され、同二十六日に召し出され、「回国の旅人へ願心から施行宿をいたしたということであるが、いかなる願心からいたしたのか」とお尋ねになった。

「私の母が七十歳あまりになったとき、十三年以上前から難病にかかり乱心同然となりました。いろいろの施薬や祈祷によって願心しましたが少しも快方なく、妻子ともに介抱の苦労をかけながら、面目もなく言語に絶する嘆かわしい状況でした。命が尽きるのは仕方ないのですが、一日でもいいので正気に戻ってほしいと願っておりました。幸い近所に一宮国分寺があり、時々回国の旅人や野伏がやってまいりますので、大乗妙典に願心を込め、私自身の招寄（熱き願望を叶えるための願望成就達成）から施行宿をいたしたもので、朝夕は法華経を読誦し願心しておりました。六年ほど前からこのお勤めをしていたのですが、有難きことに母の難病が全快し三十日間ばかり正気になり、その上何の病苦もなく眠るように息を引き取りました。これをありがたく存じ奉り、私一生の間に施行宿を仕ろうと願心し、これまでおよそ三百人余りに宿をいたし、朝夕法華経を読誦してきました」と申し上げたところ、「その話を口書するように」と仰せつけられた。

同二十八日に召し出されて、「その方年はいくつになったのか、母はいくつで果てたのか」と尋ねられたので、「私は当年で五十四歳、母は七十六歳で一昨年亡くなりました」と申し上げ、そのとおり口書した。

また六月四日に召し出され、「訴状に郷士と書きだしているのはなぜか」と尋ねられたので、「先祖より郷士、帯刀を仕ってまいり、小堀十左衛門殿がお役所におられた折にはご存じでした」と申し上げた。

先年お替え地のため、ご諸司牧野備後守様へお引渡しの節も右のとおり申し上げたところ、先規のとおり帯刀をご免いただいた。

「ご諸司様へお会いし、年頭には直接ご挨拶に伺っておりました」と申し上げたところ、「その趣を口書に記すよう」仰せつけられた。

その後八日に召し出されて、「祐介と改名し、悴政之進へ譲渡したのは何年前か」とお尋ねになったので、「私改名しましたのは八、九年前で、譲渡したのは四、五年前のことです」と申し上げたところ、「江戸表へ申し上げるが大切なことなのでよく吟味しておくよう」仰せつけられた。

小堀家、石原家へ宗門帳を取りに使いがだされ、徐々にご吟味のうえ口書仰せつけられた。同二十一日に召し出されて、「これは江戸表よりお尋ねの儀で、ご諸司から仰せつけられたものである。大切なことなので謹んで申し上げる、江戸表より何時お召しになられるかわからないので、領国からの出国を禁じ、もし病気になれば早速注進するよう」と庄屋、年寄へ申し渡された。

しかるところ、翌々年八月十六日、西町奉行所松前筑前守殿へ召し出され、小林阿波守殿の百日お目付け衆のお立合いで、「先だって江戸表へ直訴した件はご貪着で罷りなりがたく、今日焼却するよう」仰せ渡された。さらに「封をしたまま焼却を申し付けるので、見届け取るよう」仰せ渡された。

ご門前にて焼却になったが、右言上箇条の内四箇条、すなわちお組み換えの箇条、御料の地方お取つけご定免の箇条、諸運上の箇条、ご上納名目で町人どもより金銀貸付の箇条についてはは願のとおりご免となった。とりわけご名目貸付の箇条は、江戸表より伊奈半左衛門様がご上着あそばされ、ご吟味のうえ三十年賦に仰せつけられ願のとおりとなった。

これによって数千人のご過怠による手錠は誠をもってご免となった。これに関わった末々の者、幾千人、幾万人にとってありがたく存じ奉った。

右のとおり、これまで言上してきた箇条書の件についてご免仰せつけられた。委細は言上書の下書に見え申すと記されている。

一－五四号はかなり長文の記録で、筆者である中川祐介にとっては、この直訴の経緯をどうしても後世に伝え残したい願望があったのだろう。

ところで百日目付けとは上方目付のことで江戸幕府の職名である。大坂に在勤し、非常監察の任務とともに、万石以下の士の取り締まりにあたったが、初めは年三回交代だったので百日目付といわれのち一年ごとの交代となる。


二－一「**御政道之儀ニ付、中川祐介再三御箱訴之事**」

二－一号には明和五（一七六八）年二月四日、京都東奉行所のご門前にて直訴したと記されている。

**同十二月二十四日西町奉行所の大田播磨守殿から呼び出し状がまいり早速出頭したところ、両御奉行所お立合いで、「度々畏れも顧みず直訴いたすのは不届きであるが、自分の願ではなく私歎の筋でもないのでご免いたすが、書物は焼却するので見届けるよう」仰せ渡された。とりわけこのようなことが再度ないよう仰せ渡されて落着した。委細は訴状の下書き控えにある**と記されている。

京都町奉行は、江戸幕府が京都に設置した遠国奉行の一つである。老中支配であるが、任地の関係で実際には京都所司代の指揮下で職務が行われた。東西の奉行所が設置され、江戸町奉行と同様に東西一カ月ごとの月番制を取った（ただし、奉行所の名称は江戸とは違い、「東御役所」、「西御役所」と呼ばれていた）。京都郡代から分離する形で寛文八（一六六八）年七月に設置されている。

二－三「**中川祐介蒙御夢相ヲ、江戸表江御箱直訴之事**」

二－三号には明和五（一七六八）年十一月六日の夜、夢の中に何人ともわからない貴人が現れ、祐介へ向かって「これは大切な書き物でその方へ渡すので、公儀へ早々にお知らせするよう」仰せ聞かされたと記されている。

「お請け申した貴公の名はなんと申すのか」と尋ねられたが、「夢は眠りから覚める夜明けのことで、さてさて夢の中とは申しながら不思議なことだったのです」と申し上げた。

翌七日九つ時（午後十二時）、（おそらく中川祐介の元へ）神吉上村の直七と申す者から書状が届いて、「珍しく大切な書き物を借用したので写し取りました。これを差し上げますのでご覧ください」と言ってよこした。早速拝見したところ、東照宮様のご遺訓と申す書物で、我ら近年四度までご政道の過言（言い誤り）として箱訴してきた箇条書の第一条に該当するものであった。

「さては昨夜の夢は夢相と心得て驚き入り、いかに仕るべきかと存じ、早速京都奉行所へ差し上げようかと思ったのですが、大切な義なので京都ではどのようにご吟味されるのかわからないと思い、とにかく江戸表へ直訴すべきではないかと存じました。同丑の年二月四日に右の夢相の趣旨を書き認め、書物を差し上げたくお伺いしましたと言ったところ、（同六月十一日八つ過ぎに）京都奉行所の下雑式中座の悲田院から三十人余りが我らを召し取りに参り、庄屋儀左衛門、年寄藤助、同治右衛門、百姓頭八右衛門、孫七、定助、作右衛門等に付き添われて罷り越すよう申し渡されたので直ちに出頭しました」。

夜通し駕籠で罷り上り、翌十二日五つ時に京都へ着いたところ、ご用の筋につき明日罷り出るよう仰せられ、それまで旅宿神泉院町の丹波屋平兵衛にお預けになった。

翌十三日に西御役所へ罷り出たところ、大田播磨守殿、東石河土佐守殿のお立合いにて、「当二月四日にご箱訴いたした件について、江戸表より吟味するよう仰せつけられているので、吟味中は入牢を申し付ける」と仰せつけられた。直ちに入牢し、そのうえ雑式中座悲田院へ罷り下り、家内付立（帳面にいちいち書入れること）となった。

翌十四日に召し出されて、「その方は二十年来度々箱訴申し上げ、これまでご遺訓の書物所持し、書き抜きの箇条を認めて言上し、またまたご夢相と証して書物を差し上げたき旨申し上げる段、御上を軽んじて巧みにお箱訴するのは不届きである」と仰せられた。

「これには徒党人もあるのではないかと思うが、ありていに申し上げればよし、もしこの上包み隠すのであれば拷問にもかけるぞ」と仰せつけられるので、「これはご上位とも思われず、お箱訴に申し上げたとおり不思議な夢相であるので捨て置き難く、御上を大切に思うがゆえにご箱訴したまでです」と申し上げた。

「とりわけ徒党の者がいるのではないかと仰せられましたが、徒党を組む相手など一人もおりません。もちろん右書物の書き抜きは、これまでたびたびご箱訴したのではないかと仰せられましたが、私がお書物を手にしたのは去る子年の十一月のことです。ご箱訴は二十年来のことであり、とりわけお書物の出所も申し上げましたので、この件に関しては確とご吟味くださ い。もし間違っていればいか様の拷問を仰せ付けられても仕方ありません」。

ご権威に恐れ入り奉りて、是非なく候えども得心しないと申すので、まず入牢するように仰せつけられた。

それより神吉上村の直七を召しとらえ入牢させたところ、直七は同和田村五兵衛と申すものより右お書物を借用したと申すので、右五兵衛が召し出されてご吟味になった。五兵衛は越畑村河原の玄番より借用したと申すので、またまた右玄番を召し出してご吟味になったところ、玄番は「わたし方にて先年よりこの書物を所持していたのですが、写し替えしたもので、もとはどこから出てきたものかわかりません」と申した。

五十日の間ご吟味になって右の件を口書され、右五兵衛および玄番は村方へお預けとなった。右直七も五十日目の八月四日に出牢し村方へお預けになったが、我らは先に入牢になっていたので、この上は江戸表にお伺いして、そのご下知次第であると仰せつけられた。

ところが二百三十日目（それより上り屋〈牢屋敷の中で、武士や僧侶を収監する室〉へ仰せつけ）、翌年二月二日に召し出されてご免となり、我らも出牢を仰せつけられた。右ご箱訴のとき家来十蔵に申し付け、ご箱訴すればいずれご吟味になると思うといっておいたが、ずっと村方へお預けになっていた。

二月二日に右のとおり意外にもいずれもご免仰せつけられたが、十蔵は主人の命と申しながら大切の儀につき庄屋方へ届もいたさなかった。ご箱訴いたしたので、これより手錠仰せつけられ、三十日目の三月二日にご免となりすべて落着したと記されている。

「二一、直訴」に関して、一―五三号、一―五四号、二―一号および二―三号の四件の記録はいずれも中川祐介が関与した箱訴の記録である。すでに触れたように箱訴とは、八代将軍徳川吉宗が、庶民からの直訴を受けるために設けた広聴制度で、評定所門前に置いた目安箱に訴状を投げ入れさせたものである。その目的は広く庶民からの意見を聞こうとする幕府の前向きな姿勢であったはずだが、同一人から何度も同じような内容の箱訴を受けるとなると、いささかうっとおしくなりその詮議も徐々に厳しくなったと考えるのが一般的であろう。

一方中川祐介にとっては、箱訴こそが民衆の意見を合法的に上申できる手続きであるとして、再三にわたってこれを活用したものであろう。ややうがった見解かもしれないが、一郷士に過ぎない中川祐介にとって、箱訴を行うことはその内容ではなく、この制度を活用して自らを公儀にアピールする手段であったのかもしれない。

# 第七章　神社と寺

この章には、氷所村に和銅年間に創建されたという幡日佐神社（創建以来幡久神社と呼ばれてきたが、明治新政府の神社祭神改めによって幡日佐神社となった）と臨済宗の古刹である瑞雲寺に関する記録をまとめた。

神社の格式を表すのに「式内社」という言葉がよく使われる。

「延喜式神名帳」に記載された神社、および現代におけるその論社を「延喜式の内に記載された神社」の意味で延喜式内社、または単に式内社あるいは式社といい、一種の社格となっている。本来「神名帳」とは、古代律令制における神祇官が作成した官社の一覧表を指し、官社帳ともいう。国・郡別に神社が羅列され、官幣・国幣の別、大社・小社の別、座数・幣帛を受ける祭祀の別を明記するのみで、各式内社の祭神名や由緒などの記載はない。延喜式神名帳に記載された神社（式内社）は全国に二八六一社あり、そこに鎮座する神の数は三一三二座である。

式内社は、延喜式が成立した十世紀初頭には朝廷から官社として認識されていた神社で、その選定の背景には政治色が強くみえる。当時すでに存在したが延喜式神名帳に記載がない神社を式外社《しきげしゃ》という。式外社には、朝廷の勢力範囲外の神社や、独自の勢力を持った神社（熊野那智大社など）、神仏習合により仏を祀る寺となった神社、僧侶が管理した神社（石清水八幡宮など）、正式な社殿がなかった神社などが含まれる。

式内社の後裔が現在のどの神社なのかを比定する研究は古くから行われている。現代において、延喜式に記載された神社と同一もしくはその後裔と推定される神社のことを論社《ろんしゃ》や比定社《ひていしゃ》などと呼ぶ。

式内社の後裔としてほぼ確実視されている神社でも、確実な証拠はほとんど無く、伝承により後裔の可能性がきわめて高い論社という扱いである。延喜式編纂時以降、社名や祭神・鎮座地などが変更されたり、他の神社に合祀されたり、また、荒廃した後に復興されたりした場合、式内社の後裔と目される神社が複数になることもある。論社には、他の研究によって後裔社だとみなされることもあるが、その神社自ら式内社だと主張することも多い。氷所村に古くからある幡久神社は、和銅元（七〇八）年奈良時代の元明天皇のころ、天命を得てこの地に社殿を遷座したことに始まるという。寛文九（一六六九）年に神吉村にあった氷室神社を合祀し、古来よりの式内社とされている。

ところで江戸時代、キリスト教禁止令に端を発して幕府は宗門改を行い、その中で寺請制度の確立や宗門人別改帳の作成を行った。やがてそれらは本来の宗教政策という一面から、行政、特に民衆調査としての側面を強く持つに至る。

慶応三（一八六七）年、大政奉還によって明治政府が成立し、明治政府は五榜の掲示に見られるように江戸幕府政策のいくつかを継承したが、その中にはキリスト教の禁制や宗教改め、そして寺請制度も含まれていた。

寺請制度は、行政の補完や寺院の安定的な活動といった利益をもたらしたが、一方で腐敗の温床ともなり反発もあった。幕末、尊皇思想の高まりや、神道国教化運動などによって神道優位の風潮が起こり、やがて明治政府が成立すると、折からの仏教への批判は大きなものとなっていき、やがて廃仏毀釈運動へと繋がっていく。また、同政策の施行の直前には戸籍法を施行しており、一区一千戸からなる戸籍区に郷社一つを対応させている。

以上のような背景をもって明治政府は、寺請制度の代わりに氏子調を創設するに至ったのである。氷所村に現存する臨済宗妙心寺派の瑞雲寺はその創建は明らかではないが、江戸時代におけるさまざまな流転を経て今日に至っており、「氷所太平記」によってその経緯を読み取ることができる。

## 一、神社縁起

### 一－八「氷所村両社大明神縁起書抜之事」

一－八号には氷室・幡久両社大明神は元来氷室山と呼び、神吉下村にあったという縁起が記されている。

氷室大明神の境内にあるのがこれで、氷所村の境内において当村が支配してきた。すなわち（人皇八九代）亀山院の御宇（その天皇が天下をお治めになった期間）に、例年当村より氷室山の氷を、六月朔日《ついたち》（月の第一日）に内裏へ捧げ奉ったことから、当村を氷所村という。

神吉三カ村は元来当村の出在（分村）であるが、新庄八カ村および吉富之郷の者が当村へ願い出てきたために、今日神吉村は吉富之郷といういきさつがある。すなわち古くから越畑村および馬路村の山論の山絵図には、西の境は氷所村領と書き記されている（越畑村より西側は神吉村であるが、ここが氷所村と記されていたのであろうか）。

右の氷室山より長野村の境までは、寛文九（一六六九）年までは神吉三カ村と入会山であったが、山論によって神吉下村領となった。元来氷室大明神が遠方にあるため、当所で伏し拝み所を勧請《かんじょう》して今の古宮の地に氷所村大明神を造ったともいう。

古くは和銅年中に、池辺郷の美濃田村（現在の亀岡市旭町あたりか）、幡谷山へ天から八流れの幡が天下り、その一流の幡が当村の明神境内の木の枝に懸かり、金色の光がさしたので、諸人はこれを敬って奉ったという。すなわちこれは九月十八日の出来事であったので、当所の神事は今日まで同じ十八日に行っている。これを幡久大明神と勧請奉っているので、その後は氷室幡久両社大明神という。

社寺は巌辺寺の寂静房にあったが、その後諸国兵乱のとき、宇津の城主に日置多無貫という悪人がおって、氷室山を兵火にて焼失させた。そのときの社僧永室が内神を担ぎ奉り、当所の幡久大明神の内陣に納めたのが今の氷室大明神である。

　右幡谷山に残っている幡を松尾六社大明神（現在の亀岡市旭町にある松尾神社）と勧請奉っている。今の美濃田村の松尾大明神はこれである。委しくは縁起に見られると記されている。

『図説丹波八木の歴史』（第三巻）によると、幡久神社は社伝では和銅元（七〇八）年創建と伝える古社で、延喜式神名帳にある「船井郡幡日佐神社」と考えられるとしている。祭神は品陀《ほんだ》別尊《わけのみこと》で氷室神である。

写真９　本殿・拝殿全景

　かつて、当社の祭礼は宮座によって執行されていたので、宮座株を持たないものが同社を参拝する折は、宮座株を持つ株衆が参拝、参集後を見計らって参ったと記されている。
　すでに「氷所村の歴史」の項でも触れたが、「氷所太平記」について氷所村の有識者と懇談した折、幡日佐神社創建千三百年記念祭を斎行する計画があることを伺った。これは幡日佐神社が和銅元（七〇八）年に創建されてすでに千三百有余年が経つことに由来して、氷所村内の住民や氏子の安寧と繁栄を祈念したいという趣旨で発案されたという。

　この話に関連して、昭和四十三（一九六八）年七月に私の名前で「幡久大明神縁起」一巻が神社へ寄進されたと伺った。当時、大学を卒業して社会人一年生になったばかりの頃で、母からそのような話を聞いたような気がするがすっかり失念していた。昭和二十九（一九五四）年に氷所村を離れてすでに十四年ほど経ってから、なぜこのタイミングで寄進することになったのか全く記憶がない。この機会に幡日佐氷室両神社総代表の人見壽一さんからこの縁起を写真に写して送っていただいた。縁起は巻物に書かれ、縦三〇、横五センチメートルほどの桐箱に納められＡ４の用紙に換算して七～八枚程度の古文書である。

　冒頭の「幡久大明神縁起、続いて丹波の国船井郡氷所村に社あり……」から始まり、最後の「……元文五（一七四〇）年五月　愛宕山教斉精舎泰和覚了謹志」まで約六百文字ほどの縁起が愛宕山の覚了の手によって記されている。内容をかいつまんでまとめると、氷所村に幡久大明神という社があるがその起源が明らかではなく、当初は氷所大明神として若宮、蛭古および氷室の三神を祀ってきた。幡久と名付けたのは、和銅年間の元明天皇の御代に毎夜幡谷山に七重の光明が現れ、この一流れが氷所村の高樹の枝に懸かって「久」の文字を書くように映えた。人々はこの瑞相をたたえて氷所大明神を改めて幡久大明神と号すようになったという。また巻末に祭神は品陀別命《ほんだわけのみこと》であると書かれている。この縁起はこれまで聞いた幡久大明神縁起と大きく異なる点はなさそうに思うが、なぜ元文五年になって改めて幡久大明神の縁起を明らかにする必要があったのか、この背景を知ることはできない。

出版に向けて原稿の校正をしていたおり、平成二十九（二〇一七）年九月二十一日の読売新聞夕刊紙に「二百五十年前巨大磁気嵐か」という記事が載っているのを偶然目にした。この記事の要点は、江戸時代の日記などに書かれたオーロラの記録から、約二百五十年前に史上最大規模の磁気嵐が発生していたことが分かったと、国立極地研究所などの研究チームが発表したというものである。磁気嵐は、太陽で起きた爆発（太陽フレア）によって、電気を帯びた粒子が地球に到達して引き起こされる。磁気嵐の規模が大きければ、普段は見られない低緯度の地域でもオーロラが見えることがある。

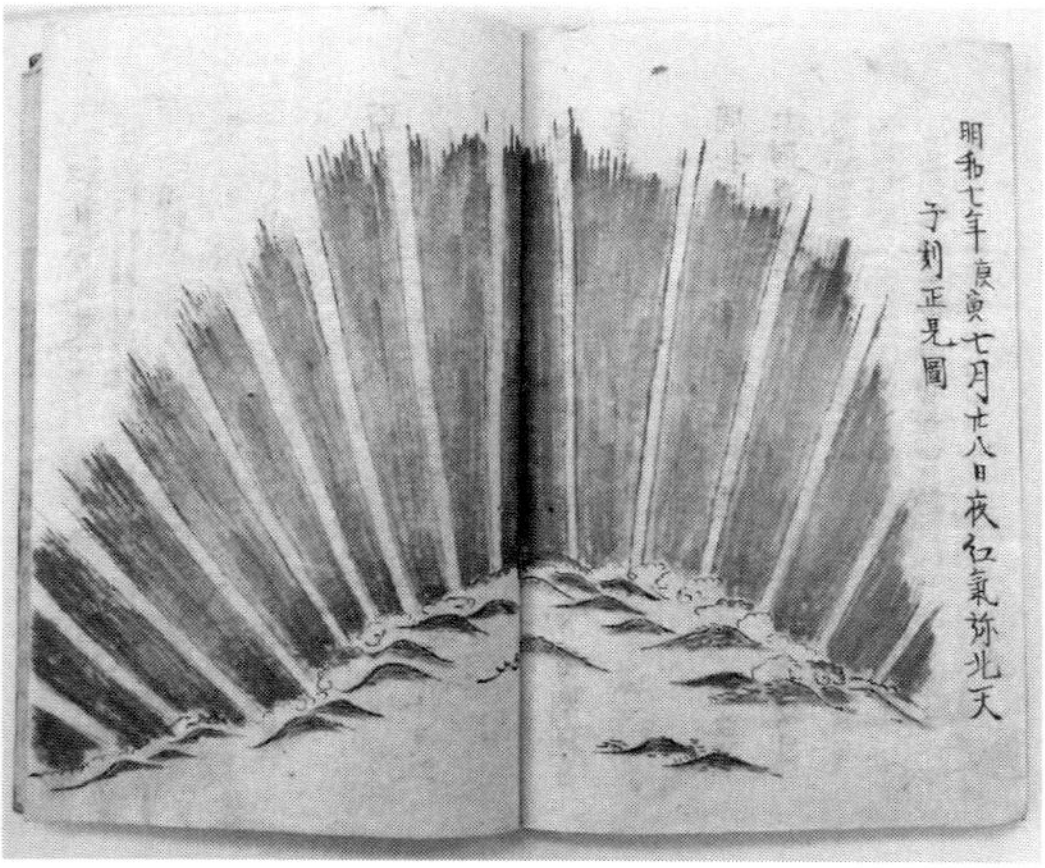

写真10　明和７年のオーロラが描かれた江戸時代の書物『星解』の写本（三重県松阪市提供）

天体現象について記録した江戸時代の書物『星解《せいかい》』には、明和七（一七七〇）年九月十七日夜から十八日未明に京都で観測されたオーロラとみられる赤い筋が描かれているが、大きさなどの詳しい状況は不明だという。

幡久神社縁起に記された「毎夜幡谷山に七重の光明が現れ……」と記されている記録は、これまで神社の縁起を神格化し高い格調を得るために使われた幻想的な表現かもしれないと理解してきたが、「毎夜」とか「七重」という形容詞からふとこれはオーロラ現象ではなかったのかと気づいた。もっとも幡久神社縁起に記されたこの記録は、和銅年間の第四十三代元明天皇（七〇八～七一四年）時代と記されているので、『星解』に記された明和七年の天体現象とは一千年以上隔たっているが、ここでも大規模な磁気嵐によって引き起こされたオーロラ現象であった可能性もあり、途方もなく夢が膨らんでゆく。

**一－九「古宮ヨリ今の宮山江造営之事、附リ鐘鋳石之鳥居之事」**

一－九号には天正十九（一五九一）年八月二十七日、氷室・幡久両社大明神が造営されたと記されている。

**同鐘鋳は承応二**（一六五三）**年の首夏《しゅか》**（夏の初め）**の如意殊《にょいじゅ》**（仏教において霊験を表すとされる宝の珠）**の日であった。委しくは銘にある。同じく石の鳥居は延宝二**（一六七四）**年二月十八日に建立された。しかし当村の紅葉峠は山道で、道利用の際に近在と出入があって妨げが予測されるため**（この近在とは古くから山論を起こしていた神吉上村を指しているのであろうか）、**鳥羽村から鹿野森を経て取り寄せることとし、新庄八カ村から多数の人足に助力願った**と記されている。

**二－一〇「美濃田村元明院縁起之事」**

二－一〇号には寛保年中に、青戸村にある「美濃田村元明院の縁起」が当村の明神とかかわりがあるということで、これを書き写したと記されている。

青戸村庄屋林右衛門に頼んでこの縁起を拝見し、写しを取り置いた。寛保年中のこと、中川祐介重宗と記されている。

**二－一四「氷室様略縁記書抜之事」**

二－一四号には安永十（一七八一）年、古来より氷室様の縁起はなかったが、古帳、古書の中から縁起を書き抜いて宮座へ差し出したと記されている。

**略縁起は中川退隠が下書きを認めたと記されている。**

先に一－八号「氷所村両社大明神縁起書抜之事」で触れた幡久大明神縁起は元文五（一七四〇）年に記されており、二－一四号「氷室様略縁記書抜之事」の記録はこれより四十年ほど後に記されたもので、明らかにこの二つは異なる縁起を表している。

## 二、神社の造営

一一一四「氷室大明神御再興之事」

一一一四号には宝暦十（一七六〇）年、氷室大明神の御神体は年数を経て損傷が著しく、御再興仕ることになったと記されている。

宝暦十年四月十一日、京都堺町通四条上るの大佛師高田友安に頼み、銀二百六十目を渡して御再興が成就した。同五月二十九日中川市郎兵衛、中川七左衛門がお迎えに上り、同二日に御遷宮となり、陰陽師毘沙門兵庫が諸事お勤め申した。氷室大明神のご本地は毘沙門天で氷室山へあらわれ、又老人にもあらわれるようで、殊の外霊験あらたとておそれいり奉る。しかも疱瘡からよくよくお守りくださるという。右の大佛師が申すには、疱瘡の守り神として京都稲葉薬師境内で勧請（神仏の来臨や神託を祈り願うこと）されているという。御神体の御装束は、冠をめして床机に腰をかけ、右の御足をさげ左の御手にお鏡をお持ちになっていると記されている。

疱瘡とは天然痘のことで、天然痘ウイルスを病原体とする感染症の一つである。よく知られているのに、主に中国の民間伝承に伝わる道教系の神鍾馗《しょうき》さまは、日本では、疱瘡除けや学業成就に効があるとされ、端午の節句に絵や人形が奉納される。

一―一五「鐘楼堂再建立之事」

一―一五号には宝暦十三（一七六三）年九月三日の夜、大風にて鐘楼堂が潰れたので再建立したと記されている。

大木を入札にてかなり損をして一貫目あまりで売り払い、その代金で同十四年六月吉日に再建された（付記、振幕は古くからある幕で、中川六左衛門の先祖が請け負ってできたもので、先例にならって六左衛門へ代金として二十目を上乗せして百二十目を文字銀で支払った。宝暦九（一七五九）年十二月に竣工し、神主は人見太郎左衛門と記されている。

一―三三「当村明神ニ馬淵家桟鋪建候事」

一―三三号には万治年中に、前々より馬淵家は明神に桟敷がなかったところ、馬淵家よりこれを建立したいという申し出があったと記されている。

馬淵家より以前にも申し出があったが、この申し出はいったん中断されていた。今回は強いて建立したいという申し出のため、中川、人見両家から「以前から桟敷はなく、新規に作るとなればもめ事になる。この上は馬淵より神文で願うなら是非におよばない」と申したところ「それならどのような神文にいたすべきか」と問うた。「美濃田村に了海坊という山伏がいるのでこれを雇い、熊野の牛王に起請文を書き血判して繪度《えご》山の麓（日置村と氷所村の境界に出来た新道のあたり）に埋め、印の松を埋め置くべし」と応えた。これが今日の起請塚で、万治年中のことであった。

明和年中までおよそ百二十年余経ったのちのことであるが、日置村の馬淵吉太夫が、同名の一家のことということで見回り、日置村へ帰りかけに右の起請塚を見て、心外であると言って塚に上り、印の松を引き抜いたところ、即座に伏し倒れ腰が立たなくなった。是非なくわが家へ駕籠で帰り、それより病気となって終わり、翌年葬送された。

右は神罰にあたったもので、馬淵家九左衛門および源左衛門両家の牛や馬四疋が一夜のうちに落ちてしまい、驚き入ったと記されている。

二一一三「**明神様御殿御鞘出来之事**」

二一一三号には安永十（一七八一）年三月十九日に御殿御鞘（神様の社を入れておくもので祠《ほこら》ともいう）が出来上がったと記されている。

同二十一日に上遷宮の護摩行が行われ、この日は村中が休日になった。ご内陣（陣）の畳は、代々中川次郎衛門が寄進しており、棟札の別紙写しに記録されている。神主六人、庄屋二人のほかに大工が参列したと記されている。

二一二五「**幡久大明神御再興之事**」

二一二五号には天明二（一七八二）年八月十一日、幡久大明神の再興に際して、京都への報告に携わった供奉人《ぐぶにん》（行幸や祭礼などのときにお供の行列に加わる人）の官職と名前が記されている。

正遷宮　天明二年八月十一日
氷室様同作　大仏師京都堺町通四条下る町　高田友安
供奉人　中川七兵衛
　中川喜内
神職毘沙門　高宮源五
御本所　仙洞様庄屋　中川儀左衛門
　女一宮様同同　孫兵衛
お蔵入お代官　小堀数馬
神主　中川伊右衛門等六人、中川孫七、同六郎右衛門、同源十郎、人見藤助、中川退隠
宮使　徳兵衛

と記されている。

二―二二「**氷室幡久両社大明神拝殿再建之事**」

二―二二号には天明八（一七八八）年四月十八日に氷室幡久両社大明神の拝殿が再建された

と記されている。

**仙洞様、女一宮様、蔵入りの三御料**（氷所村の年貢は右の御料二カ所と幕府へ納めていたので三御料と記されている）**の御支配は京都御郡代小堀数馬の時代であった。神主人見藤助等六人、中川祐介、同作助、中川喜内、人見権左衛門、同忠左衛門、庄屋中川孫兵衛、同儀左衛門、大工中川徳右衛門、かくのごとく捧げものにこれを記す**とある。

一般に拝殿とは神官が祭典を執行したり、参拝者が拝礼したりするための建物で、神社本殿の前におかれる。狭義には祭典の際祭員が着座する建物をいう。現存する拝殿は梁行一間、桁行二間の当地域の標準的な舞殿型拝殿である。妻飾りは木連格子《きつれこうし》で、正面と背面の両妻面に虹梁を入れている。

二一三二「**氏守御造営付き棟札之事**」

二一三二号には享和二（一八〇二）年四月に普請を終え遷宮の節、新田八幡講から氏神棟札**について申し入れがあった**と記されている。

新田八幡講から「古来より氏神棟札には私ども講内の名前がなかったが、このたびはめでたく村方も三組一体となって造営したので、なにとぞ私ども講内からでている年寄役二人を棟札にお加えください」と追々頼み、野条村の文右衛門と申す者を挨拶に寄越した。当役と申す肩書きで、両人を加えて遣わすべき旨を直に会って調べ、右の趣意取り交わしのため、同人の押印を済ませた。

同年十二月八日に棟札を認め、神主の宅へ村役人を呼び寄せ見せたところ、年寄忠蔵と申す者は「幾重にもかたじけないと存じるが、新田八幡講の総代としてもう一人お加えください」と申すため、なかなか決着しなかった。

十日の夜までいろいろ話し合い、新田講よりまたまた野条村の文右衛門殿に頼んで挨拶に寄越した。本人忠蔵が講内で加判し、以来何事によらず厚かましきことは申さないという一札を受け取って棟上げの前夜に決着した。

この一札は神主に預け置いたと記されている。

以下は造営に関する覚書である。

寛政十一（一七九九）年未四月
造営渡銀四貫目　大工播州兵右衛門
この節当国穴太村に仮住居の河原尻村の弁次
酉八月　又五百目　はなはだ手間がかかり難渋しているという願のため、宮座が会所で相談のうえ増銀する
戌三月　又一貫目　大工より唐破風か千鳥破風がなくては、はなはだ見苦しいと相談され、千鳥破風料として増銀する
都合五貫五百目　ほかに諸雑用におよそ一貫目ばかり

ご造営石築　亨和二（一八〇二）年九月六日
建て初め　同年十月十日
棟上げ　十二月十一日
村中一統祝酒、柳枝餅、日置村より樽肴、扇子を所持した役人九人が参られ、拝殿にて酒を出した
新庄之郷より新座の□より酒弐斗をいたされた
干時亨和二年
御社　棟札　氷室幡久両社大明神造営
神主　人見藤助
六人　中川茂左衛門
宮座総代　中川左衛門
同　中川源助　同　中川儀左衛門
同　中川市郎左衛門　同　中川作助
同　中川半七　同　人見吉左衛門
同　中川伊八　同　中川藤右衛門
六人脇　中川寅右衛門　馬淵総代　馬淵紋之丞

壬戌十二月十一日

庄屋　中川孫八
年寄　人見忠蔵
（新田講也）
中川九左衛門
人見兵左衛門
（新田講也）
中川藤右衛門

維時　享和二年
棟札　氷室幡久両社大明神
工匠　播州賀藤郡来住村　住人　藤原末孫　住本兵右衛門良金
当国桑田郡河原尻村住人　林田辨次郎光重
木挽　播州印南郡見土呂村住人　大西久蔵
戌十二月吉祥日
同十二月十八日

正遷宮

神前において六人を始め、宮座一統役人が立会、毘沙門高宮春吾を呼び寄せ、万端滞りなく済ませたと記されている。

**二－三七「氷室大明神神輿新調之事」**

二－三七号には**文化十三**（一八一六）年三月に氷室大明神の神輿《みこし》が新調されたと記されている。

**神主中川左衛門、同伊兵衛、同清蔵、同万輔、同利助、人見庄蔵等の世話により、同年七月に京都万寿寺通新町西入町の荘屋定次郎方に求め、代金五両（相場六十五匁五分）を渡したと**記されている。

たびたび触れるが、氷所村での有識者との懇談会において、この氷室大明神の神輿の話題が出たが、平均年齢が七十歳を越える有識者の間でも二百年前に記録された二－三七号の神輿について知るものは誰もいなかった。私も含めて、もし神輿があったなら子供の頃の記憶が残っているはずなのにこれがないのはなぜだろう。

**二－三八「明神於社壇桟敷再建之事」**

二－三八号には**文化十三**（一八一六）年十一月二十日、明神の社壇（神を祭ってある所。社殿）の桟敷が、はなはだ大破したので再建したと記されている。

桟敷の下地は藁ぶきで、六間半に一間半、一尺六寸であったが、十一月二十日に初寄合をして、六人、宮座惣中八幡より忠蔵、甚右衛門等神主殿で相談して極めた。十一月二十一日に大工渡しを定め、三月十八日に石築、四月一日に建前し、木代五百五十目払い、木挽二百目、大工手間三百目、五百五十目、瓦屋への払い三百三十目、釘代、建具、左官鍛冶屋払い、都合およそ一貫九百五十目、外に鳥目三貫文、大工三人へ棟上げ祝儀を遣わした。

大工　　徳右衛門、丈助、三左衛門

文化十四年六月

棟札　　桟敷再建

神主　　中川左衛門

　　　　同　伊兵衛

六人　　同　清蔵

　　　　同　万輔

　　　　同　利輔

　　　　人見庄次郎

棟上として、六月六日に桟敷において、同苗は残らず、馬淵より丈助、中八幡より忠蔵、甚右衛門、又右衛門、和助、茂左衛門、儀右衛門、金衛門等都合七人およそ七十人余り豆腐の吸い物にて酒を振る舞ったと記されている。

三－三一**「幡日佐神社御家根換出来之事」**

三－三一号には明治十二（一八七九）年三月下旬、幡日佐神社の屋根換えのために、金五十円で屋根屋に渡したと記されている。

大工政八に木代、釘代ともで十円で渡し、四月下旬に出来上がり出金した。帽烏子官頭十二銭、人別五銭、出金高四十円余りで、不足金は鎌谷四軒の元番人の鶴吉から社中祝挨拶として二円出金があり、残りはいろいろなものを売り払って賄ったと記されている。

## 三、神事

二－一一**「氷室幡久両社大明神御幣官之事」**

二－一一号には**安永七**（一七七八）年四月六日に京都吉田殿にて御幣官があったと記されている。

おそらく氷所村からの依頼で、吉田殿で氷室幡久両社大明神の祈願の幣官が行われたのであろう。

ところで幣とは神に捧げる供え物、または祓料である。古くは麻・木綿などを用い、のちには織った布や紙を用いた。「このたびは幣《ぬさ》もとりあへず手向山紅葉の錦神のまにまに／『古今集羇旅』に読まれた「ぬさ」とは、まさにこの幣であるという新発見をした。

**吉田殿で要した入用金は十両あまりであったこと**も記されている。吉田殿とは、京都市左京区吉田神楽岡町の吉田山にある神社のことであろう。二十二社（下八社）の一社で、旧社格は官幣中社である。現在は神社本庁の別表神社になっている。

二－三三「**吉田殿より明神神主儀ニ付御召之事**」

二－三三号には**文化元**（一八〇四）年十一月二十二日、吉田殿からお召を受けたと記されている。

吉田殿家来大角東市殿から書面にて、宮座の中川株の中から一、二人が罷り越すようお召を受けた。中川左衛門、同定七の両人が小堀様御役所へ届けのため罷り出たところ、吉田殿へはこちらから掛け合うので、旅宿で控えているよう仰せつけられた。

その後十二月朔日に罷り下り、十二月十八日に中川株より両人、庄屋、年寄をお召しにつき、宮座総代の左衛門、儀左衛門、村役代幸七、孫八の四人が罷り出たところ、暫く宿で控えているよう仰せられた。吉田表へ数度紹介したところ、いったん帰村するよう仰せ渡され、二十四日に帰村した。

三－一六「**神社祭神御改ニ相成、村内末社之方悉替御廃止（氷室様御廃止、幡日佐社ト称シ被立置候事）**」

三－一六号には神社祭神改めのため、中川権太郎が出張したと記されている。「氷室大明神は祭神が不詳なので廃止になる。今後幡日佐神社という名称で存続することを許す」ということになった。もっとも村内の末社は残らず廃社と仰せつけられ、根拠がないのでことごとく取り替えいたした。前代未聞のことであるので、これを記録しておく。その節村方の制札を廃止するので、園部庁へ持参したと記されている。

この時代に明治新政府は各神社の由来を提出させて、○○菩薩や△△権現等仏教色の強い祭神名は改めさせ、名前や由来のはっきりしない祭神は「記紀神話」に登場する「由緒正しい」神名に統一し、神社の名前も変えさせた。「八坂神社」のように「地名＋神社」になっている神社の多くはこの時につけられた名前である。

三－一七「**壱区弐区之内、式内郷社鹿野森被定宮座称廃止之事**」

三－一七号には今般管下村々の一般郷社について、式内あるいは式外をお調べになったと記されている。

ここで式内とは前にも説明したとおり、延喜式内社あるいは式社ともいい、「延喜式」の神名帳に記載されている神社をさす。二八六一社、三一三二座の記載がある。

当村幡日佐神社は式内ではあるが、なにぶん辺境地であり、鹿野森を船井神社としているので、最もいいように壱、弐区の郷社と定められた。取調官、調掌の両人は郷社や村社を守護する立場にある。それゆえこれまでの宮座、宮衆などと称して宮に関係してきたものはことごとく廃止するので、十月十七日調掌へ鍵を渡すことになった。ただし宮桟敷は相談のうえ、そのまま立てておくこととし、実際には村が所持して残すこととし、四円四十銭のことと記されている。

最後の四円四十銭については何の説明もないが、村が維持管理していくための費用ということであろうか。

ところで「氷所太平記」には明治十二（一八七九）年ころまでの神社の造営に係る記録が残されているが、この時代から二十年以上のちの明治三十九（一九〇六）年に神社合祀政策の勅令が出されている。これによって八年間の間に、全国で約二十万社あった神社の内、七万社が取り壊された。特に合祀政策が甚だしかったのは三重県で、県下全神社のおよそ九割が廃されることとなった。しかし、この政策を進めるのは知事の裁量に任されたため、その実行の程度は地域差が出るものとなり、京都府では一割程度ですんだといわれている。

この官僚的合理主義に基づいた神社合祀政策は、必ずしも氏子崇敬者の意に即して行われたものではなかった。当然のことながら、生活集落と行政区画は一致するとは限らず、ところによっては合祀で氏神が居住地からはほど遠い場所に移されて、氏子が氏神参拝に行くことができなくなった地域もある。合祀を拒んだ神社もあったが、所によってはなかば強制的に合祀が行われた。

## 四、寺に関する記録

**一―一六「瑞雲寺、徳雲庵、永法庵三ケ寺之事」**

一―一六号には寛文五（一六六五）年、瑞雲寺の由来を中心に、日置村護国寺と出入りにおよんだいきさつが記されている。

右三カ寺は元来嵯峨天龍寺の末寺であったが、日置村護国寺の弟子が瑞雲寺にしばらく住持していたところ、末寺にするよう申し掛け出入りになった。お代官鈴木伊兵衛殿のところで対決となったが、しばらくして池上村の生禅寺に仲介をお願いして落着した。護国寺の言い分は通らなかったが、当村の徳雲庵および永法庵（ともに曹洞宗であったと言われる）の旦那の内に、護国寺末寺になりたいと申す者があって、二カ寺はその後護国寺の末寺になった。瑞雲寺は元来芳春庵と申していたが、出入りのときは天龍寺へ申し立てており、一切取り扱われることはなかった。

出入り落着後、中川次郎右衛門が京都妙心寺塔頭龍華院の竹印大和尚へお頼みしたいきさつがある。すなわち瑞雲寺と改号して、妙心寺の直参になった。年号は寛文七（一六六七）年である（右出入りの諸書物は中川次郎右衛門方にある）と記されている。

一―三七「真如庵開基之事」

一―三七号には元禄年中、昔から藁ぶき二間四方の阿弥陀堂があったが、これを真如庵と改号したいきさつが記されている。

堂衆として人見立宣、同武左衛門、同善右衛門、同太郎左衛門、同茂右衛門、同九右衛門等が支配していたところ、生国九州豊後の空心という僧が愛宕山大膳院から参られこの阿弥陀堂を建立されたといういきさつがある。空心は一生かかって法華経を読誦したというが、五千部供養の石塔が繪度《えご》山の麓にある。

享保年中に、この阿弥陀堂は大膳院の末寺であることから、無水山真光院真如庵と改号された。田畑を買い付け徳米（小作農が領主と地主への小作料を納めた残りの米）が二～三石あったが、八十有余歳で遷化（高僧の死亡を、婉曲的に、かつ、敬っていう語）したと記されている。

一―三九「行者堂開基之事」

一―三九号には正徳六（一七一六）年、当村の行者堂は諸方を勧進して建立されたと記されている。

この年に大峰山の役行者《えんのぎょうじゃ》が新作の像を刻まれ伏見講中によって建立されたが、前々からあった古作の像がご隠居されることになり、ただ今あるのはこの像である。村中から庵の敷地山のほかに、講部山で山一枚を寄付した。行者講中の中川次郎右衛門、同儀左衛門、同新平、同権左衛門、同九郎右衛門、同源助、同権右衛門、半兵衛、四郎兵衛、七助しめて十人、このほかに畑二カ所を買い付けた。作徳米は四斗あった。

右のとおりであるが、在家俗（仏教において、出家せずに、家庭にあって世俗・在俗の生活を営みながら仏道に帰依する者）の連中が相談して、宝暦五（一七五五）年八月に連判証文をもって真如庵へ頼み申した。下書きは祐介方にあると記されている。

この記録に関して詳細はわからない。

**二―二九**「**氷室山瑞雲寺再建立之事**」
二―二九号には**寛政三**（一七九一）年、氷室山瑞雲寺が再建立された状況が記されている。
寛政三年からはじまり、同六年正月から屋敷栫《かこい》を始め、三月十六日に建前、土蔵相国庵、同年八月二十八日、九月九日に当屋敷へ移った。その節、印地村から銀五百目を出金され、そのほかは村方の檀家からいろいろ出金した。八右衛門屋敷から先年より引き取っていた土地と、源左衛門が丑年春に引き取った土地二カ所を一カ所にしたものが当寺の境内であると記されている。

三―一九「従前より三ケ寺之處、瑞雲寺壱ケ寺ニ聞済ニ相成、合寺之事」

三―一九号には当村には従前より三カ寺あったところ、一カ寺になったいきさつが記されている。

一カ村に三カ寺は多いのでこの状態を継続することは難しく、ついては僧侶の位階（国から僧に与えられる位）はこれより廃止されることとなった。

苗字を設けるようお達しがあり、管轄庁へお届けするため瑞雲寺は釋とし徳雲庵は嶋津と改めることになったが、村方一統は相談して瑞雲寺一カ寺にまとめようとした。永法庵が無住であることから、残りの両寺の和尚を入れ札したところ、瑞雲寺の和尚が多札になって住職が定まった。帰俗する和尚へは飯料として金百両、普請のため二十両、屋敷一カ所、小家又は山一カ所を渡した。瑞雲寺へは飯料として二石五斗を渡すことを定めた。

右の改革に際して、三カ寺についてすべての財産を書き上げ、残りの家督、諸道具売り払い六百円余りとなったが、借財を始末したところ三百円が残った。それぞれ学校積立金に積み立てることとし、古宮の立木および宮山木代と合わせて都合七百円余りを貸し付けた。

法雲庵および永法庵ともに廃寺として申請したが、仏像や什器は本寺へ移し、建物は村方へ処分した。跡地の畑山は上がり地（幕府や藩に没収された知行地）とするようご沙汰があった。

**壇信徒であることの証明は合附され、一村に一カ寺になるという大改革に関して、村方一統心配したが滞りなく収まった**と記されている。

ところでこの時代には寺請制度という、江戸幕府が宗教統制の一環として設けた制度があって、寺請証文を受けることを民衆に義務付け、キリシタンではないことを寺院に証明させる制度があった。必然的に民衆は寺請をしてもらう寺院の檀家となったため、檀家制度や寺檀制度と呼ばれるが、厳密には檀家制度と寺請制度は異なる。その目的において、邪宗門とされたキリスト教や不受不施派の発見や締め出しを狙った制度であったが、宗門人別改帳など住民調査の一端も担った。

寺院では現在の戸籍にあたる宗門人別帳が作成され、旅行や住居の移動の際にはその証文（寺請証文）が必要となった。各戸には仏壇が置かれ、法要の際には僧侶を招くという慣習が定まり、寺院に一定の信徒と収入が保証される形となった。

## 五、仏事

一—一八「**瑞雲寺大會之事**」

一—一八号には**明和元**（一七六四）**年四月より夏にかけて、百ケ日の大会修行が行われたと**

記されている。

檀家と村中が助力して無事に挙行された。出家僧八十八人余りと住持の析嵒和尚代も参列した。幸いなことに、当年は霊元院様の三十三回忌にあたり、六月六日当日、村中が冥加につき右の大衆にお願いしてセンボウ修行を仕った。大衆の僧に対して料理一汁五菜、お布施として銀一枚、和尚には金子百疋を差し上げて右のとおりご法事を仕ったと記されている。

以下は瑞雲寺の老僧から伺った話であるが、センボウ修行とは懺法修業のことで、大本山妙心寺の観音懺法では観世音菩薩は大慈大悲を御心とし、抜苦与楽を主とし給えるがゆえに、観世音菩薩に帰命信従して、自己の罪業を懺悔する修行のことであるという。『広辞苑』の懺法には罪を懺悔する法ともある。

**二―三五「瑞雲寺大般若経発願并紐解之事」**

二―三五号には享和二（一八〇二）年五月、瑞雲寺で大般若経と御紐解の式が成就したと記されている。

瑞雲寺において大般若経は享和二年五月から始まって、中川万輔母賀鏡尼が志願して諸方へ勧化帳を出してお願いしたところ、文化十（一八一三）年までの十一年間に諸方の寄付によって成就し、同年二月十八日に御紐解を寺において勤めたと記されている。

紐解とは、「大般若経一六〇〇巻をそろえ、その経巻を開いたという意味である。

# 第八章　村の設備、施設開発

この章には、村の施設としてのため池や河川の開発、荒地の開発そして私がとび抜けて関心を持った鉱山開発などの記録をまとめた。

戦国時代末期から江戸時代初期にかけて、食糧が増産されたことなどで人口は著しく増加したが、やがて食糧が不足し主食とする米の増産が必要となった。そのため江戸時代初期の十七世紀以降、江戸幕府や各藩の奨励によって湖や潟、浅瀬などで埋め立てや干拓が行われ、陸地が増やされ耕地となった。また丘陵地帯や台地、谷地（やち・やつ、台地と台地の間の谷間の湿地帯）など内陸部の荒れ地でも新田の開拓が行われた。こうした新田開発によって、江戸時代初期に全国で一八〇〇万石だった石高は、江戸時代中期には二五〇〇万石、後期には三〇〇〇万石と倍増に近い勢いで拡大し、特にそれまで畿内などに比べ開発が遅れていた東北、関東、中国、九州などでは湖沼や干潟が新田開発され農地が大きく増えた。

その背景には、測量技術の向上がある。大量の水を必要とする水田の場合は、自然の降雨のみによる供給は不可能で、灌漑用水の整備が欠かせない。しかしながら平坦地、あるいはごく緩やかな傾斜地では用水路の掘削はできず、戦国時代以前は一定以上の傾斜地でないと水田の開拓は不可能であった。それが大名や幕府の主導による大規模な測量によって、平地に開拓された水田への水供給が可能になったのである。また逆に、湖沼や泥湿地のような場所に大規模な排水路を整備しての水田化も行われた。あるいは干潟において干拓工事による水田化も行われた。

江戸幕府は、一七世紀後半の無謀な新田開発の乱発を一旦は抑制したが、八代将軍徳川吉宗の時代に行われた享保の改革では、「見立新田十分一の法」などを施行し開発者に利益を保証することで商人など民間による新田開発を奨励した。また十代将軍徳川家治など、多くの将軍や老中が新田開発を政策的に行った。

これら江戸期の大規模な開発により、それ以前に湖沼や干潟、三角州が広がっていた地域から水辺が失われ、自然形態に影響を及ぼしたともいわれる。

ところで日本列島は沈み込み帯という地殻変動の大きい場所に位置する関係上、大規模な量ではないものの、多種の鉱産資源を産出している。一九七〇年代までは、日本各地の鉱山は石油・天然ガスは少量であるものの、その他は石炭をはじめ、金・銀・銅・鉄・亜鉛などの採掘が大規模に行われていた。高度経済成長期以降は資源が枯渇し、低品位化や採掘コストの上昇により価格競争力を失い、多くの鉱山が操業を停止した。現在、操業が行われているのは、石灰石などが中心で、その他の鉱山は少数が操業されているにすぎない。

# 一、ため池、河川開発

一－三六「戸坂新溜池出来之事」

一－三六号には正徳年中に、古くから字戸坂というところに一反歩ばかりの溜池があったが、新しい池が完成したと記されている。

馬淵新之丞、同八左衛門、中川伊右衛門、中川七兵衛、そのほか小百姓三人の田地と荒地を右の池床に加えて、お蔵入り庄屋の中川次郎右衛門、年寄人見助左衛門、年寄中川九左衛門、同中川重兵衛および御所料庄屋の中川儀左衛門、年寄中川権左衛門、同中川伊右衛門等が役人の時分に小堀仁右衛門殿へお願い申し上げた。

右の地主が得心せずもめ事になったが、ご吟味のうえお代官が必ずやり遂げるよう仰せつけられ、恐れ奉って正徳年中に池が完成した（享保七〈一七二二〉年、玉虫左衛門殿が年貢を免除された地）。

右の土地の代わりに、字戸坂内の荒れ林を関係者に渡した。新之丞へは役山の続きの地一枚分を渡した。普請奉行として山本杢左衛門が下り申されて、ご普請竹本扶持方米を下しおかれたと記されている。

二－二八「戸坂川土砂留御普請之事」

二－二八号には寛政五（一七九三）年から、戸坂川筋の土砂留六カ所について、ご公儀へたびたびお願い申し上げてきたと記されている。

最初に小森様お手代の多久良左衛門殿、森脇源左衛門殿がご見分になり、十一月に江戸ご普請役の山田弥太郎様が御所のご検見に際してご見分になった。小堀様の川方係内山喜作殿、武嶋儀四郎殿、田原兵之進殿等が秋にご細見になられ、計四度ご見分のうえ、三月朔日よりご普請になった。普請中奉行の八幡政五郎殿から、四月三日まで代金を準備するよう申し渡された。

ご入用は一貫五百目、すべての入用はおよそ四貫目かかり、その節大すへ山の木材二貫分を売り払い、同六月に仕上がってご見分を済まされた。

その後享和元（一八〇一）年七月二十日夕方、洪水で土砂留の東半分が残らず崩れ、この普請として尾州黒鍬衆へ四百三十目を渡し、その後増銀として四十目を支払ったと記されている。

二－三六「上の池堀浚之事」

二－三六号には文化十（一八一三）年秋から、氷所村に古くからある上の池の改修を行ったと記されている。

氷所村には「上池《かみいけ》」と呼ぶ上の池と、「下池《しもいけ》」と呼ぶ下の池の二つがあったが、上池は水保ちが悪く、一向に水が溜まらず用をなさなかった。百年来なにとぞ堀浚《さら》えしたいと申し上げてきたが、なかなか容易にできなかった。そのままにしておったところ、近年村方で申し合わせ、頼母子講《たのもしこう》をかけ、そのほかいろいろ相談して、文化十年の秋から改修に取り掛かった。

ところで近年あまり聞かれなくなった地域の金融システムに、頼母子講《たのもしこう》というものがある。これは鎌倉時代に発生し、その後「無尽《むじん》」や「ユイ」という名称で脈々と受け継がれてきた金融システムで、地方にはまだ現存しているところもある。

最初に中堤（東西四十間〈七二メートル〉、堤高さ一丈五尺〈四・五メートル〉）について、西から三分の一の分を加舎村の清助という者が落札した。最初は二貫八百二十五匁で請け負ったが、春ごろから予定以上に手間がかかるということで、願い出た三貫目の増銀を遣わした。しかしなかなか水が溜まらなかったが、三月に無断で普請を残してやめてしまった。

十一月から残りの分にまたまた四百目増銀し、都合三貫四百目で十二月にようやく完成した。また中央の三分の一は、十一月から若州の清次郎と村方の半兵衛の両人が落札して二貫九百目で請け負ったが、これもなかなか手間がかかるということで、願につき二月に百五十目増銀し、都合三貫五十目でようやく普請が終わった。同月八日に完了したが、水を引きこむ溝を東の道ぎわに付け替えるため、石垣積賃合わせて百六十目で村方へ請け負わせた。

文化十一（一八一四）年秋から残った東三分の一について、若州の清次郎と当村の半兵衛が落札し、二貫九百目で仕上げる予定であったが、なかなか手間がかかるということで春になって二百目増銀して済ませようとしたところ、この普請のあと三年分の補修費が必要なので、この分の賃金としてまた二百五十目出し、都合三貫三百六十目出して完済した。子の正月に切仕ってより（契約してから）、三年分あわせて九貫八百五十目を要した。

右の場所から石出石の所で、水位が谷川中谷の橋から□の上までおよそ片渕通り石垣になったと記されている。

**三－六「字八ケ坪堤裏附添ニ相成出来申候事」**

三－六号には字八ケ坪の堤を裏付けして補修したと記されている。

**字御林川はこれまで所々で二、三十間が切り込んで崩れていたので、村方で相談して荒地に土で土手を築き二尺あまり裏付けして出来上がった。ただし八ケ坪一町でつけ添えしたと記されている。**

三－六号は簡潔に記され、前後にこれに関連した記録がないので詳細はわからない。

**三－七「字戸坂上ニ新池堤上置出来之事」**

三－七号には安政四（一八五七）年に字戸坂池に堤を上置きし、東新池が出来たと記されている。

このたびは普請のため、地所を高額で買上、平地の立木も高額で買上、茅草は山支配とした。古池の堤に上端幅は六尺の堤を上置きし、新池の分は古池の堤とした。普請は山室九兵衛が落札した。

八月二十三日に始めて、十二月二十一日に出来た。供養として餅一石、酒、飯を黒鍬一統へ差し出し、代銀として五貫八百目と増銀一貫五百目を黒鍬に渡した。東池の敷地および古池の南堤地を買上げ、総締めして十一貫七百五匁あまりを渡して出来上がったと記されている。

たびたび触れてきたが、黒鍬は戦国時代や江戸時代に土木作業を行う者達を指している。語源に当たる黒鍬は通常の鍬より刃が厚くて幅が広く、刃と柄の角度が六〇～八〇度に開いている。さらに、柄が太く短くできていることで力を加えやすく、打ち下ろした時に深く土に食い込むようにできている鍬のことである。もともとは尾張の大野鍛冶が作っていた柄を黒く塗った土木作業用の特殊な鍬だったが、開墾用の打ち鍬として広く普及したものである。


三－二〇「字戸坂新土砂留御見分之上出来之事」

三－二〇号には明治八（一八七五）年に字戸坂の新土砂留が出来上がったと記されている。

官より場所をご見分になり、八月から十月中旬まで掛かって出来上がった。もっとも黒鍬手間として七十三円を渡し、敷地代は村方の儀右衛門から九円で貰い受け、高山二ケ割で出金したと記されている。

## 二、荒地開発

一―五七「字古是之荒芝開発之事」

一―五七号には享保年中にご公儀から荒地のお改めがあり、字古是（堤）の年貢を支払うよう仰せつけられたと記されている。

お代官玉虫左兵衛殿から右古是の荒地を開発して、年貢として正米（現在ある米。現物の米）三斗九升ずつご上納するよう仰せつけられた。しかし開発する者はなく、毎年この年貢を村中でまどうていた（「まどう」は、「弁償する」「賠償する」「つぐなう」と言う意味である。現代日本の共通語の世界ではほとんど使われず、主に西日本に広く分布する）。

宝暦年中に開発の請負人を入れ札によって極めようと相談し、中川祐介が落札して村中から永代支配の証文をもらい追々普請に取り掛かった。

その頃村方に佞人《ねいじん》（口先巧みにへつらう、心のよこしまな人）があらわれ、証文を渡すことのないよう相談し、村方からこの土地を売払いたいと言い始めたのでまたまた騒動になったが、漸く村中が静まり永代証文を認め、庄屋、年寄、組頭等が連判し、お年貢として正米一石四斗七升を極め、もし格別不作になればお互いに立会って免合することになった。

年号は明和四（一七六七）年二月の庄屋中川儀左衛門、同人見太兵衛、年寄人見七郎右衛門、人見藤助、中川半七、中川伊八等が役人の時節であったと記されている。

二―二「**茶原芝開発之事**」

二―二号には明和六（一七六九）年の春、村中が相談して字茶原芝を開発したと記されている。

**丑年一カ年は惣八という者が請負作したが、翌年春には札入れで孫七が落札し、五カ年の間請負作をすることとなったと記されている。**

## 三、鉱山開発

一―五九「**砥石山相稼申候事**」

一―五九号には**寛延元（一七四八）年、当村の砥石山は方々から希望があったので入札によって落札させたと記されている。**

ところで砥石とは、金属や岩石などを切削や研磨するための道具である。砥石の粒子の大きさにより、荒砥（あらと）、中砥（なかと、なかど、ちゅうど）、仕上げ砥（しあげと、しあげど）の三種に大別され、さらに天然のものと人造のものとがある。天然砥石の原料は主に堆積岩や凝灰岩などであり、荒砥は砂岩、仕上げ砥は粒子の細かい泥岩（粘板岩）から作られ、中でも放散虫の石英質骨格が堆積した堆積岩が良質であるとされる。

記録にもどると、大坂の砥石屋で伊賀屋という町人が、当村の中川作右衛門の世話によって、一年間あたり九十三両で落札して仕事を始めた。ところが一年限りで打ち切ってしまったので、そのあと当村の狼庄六が世話をして、大坂の木津屋と言うものが三十両ずつ三年間支払うということで仕事をはじめたが、二年で休んでしまった。その後鳴瀧五郎左衛門が落札して二十両ずつと極めて稼働したが、徐々に縮小して明和三（一七六六）年までおよそ二十年間続けた。しかし土砂が過分に出るようになり、砥石山の生産を中止した。この砥石山は御除料（天皇領に準ずる領地）であったはずと申したて、最初の内、運上銀は一カ年に百目差し出していたが、徐々に増えて百十二匁になった。

右の地代金の半分は石高に応じて渡し、残り半分は丸半で（半分ずつという意味か）役家別に渡したと記されている。

私は氷所村の山中に砥石山なる特定の山があったと想像していたが、実際には紅葉山を中心とした山中に先の堆積岩や凝灰岩を豊富に含む地層があったのだという。

一－六〇「**当村銅山之事**」

一－六〇号には宝暦五（一七五五）年、北広瀬村の宅間乙右衛門が請負い、出資は京都西六条のご家中加納権太夫がいたされ、鉱山で働く人夫を二十人ばかりかけて稼働させた。一カ年ほどかけて坑口から奥へ四十間（七二メートル）ばかり堀入ったが、よほど鉱石の出がよくないのか、当村からの地代金が四、五十両でも成り立たないと言い、あえてやめると申すので残念ながらやめることとなった。

ここで江戸時代の銅鉱業について触れておくと、江戸時代に入って銅需要は一層高まり、さらに輸出品目としての重みも増した。銅輸出は、鎖国後も長崎においてオランダ、中国を対象に銅貿易業者の銅屋によって行われていた。鎖国政策による技術発展の遅れ等により、銅鉱山は次第に疲弊し、江戸時代後期になると、産銅量は減退していった。しかし、世界的にみると、十七世紀後半から十八世紀前半までは、日本は世界第一位の銅生産国であったものと推定される。

江戸時代中期以降、鉱業全般が衰退していったが、鉱山技術への関心は高まり、各種鉱業技術に関する文献が著されている。幕末期の新規需要としては大砲鋳造があげられるが、これも反射炉製鉄による鉄製品へと重点が移っていった。

**これまでの記録は当村に古く天正年中からある諸書物を吟味してあらましを書き出し、「氷所太平記」と名付けて後日のために認めおくものである。**

**時は明和四年二月　中川祐介**

**宗重　（花押）**

ここに「氷所太平記」を著したのは明和四（一七六七）年二月で、著者は中川祐介宗重であると記されている。「第一章　二、古文書の内容」のところで触れたように中川祐介は中川次郎右衛門を改名したことは明らかだが、中川家の系図には中川治郎右衛門（次郎右衛門と同一の人物）がいるが、ここに記された宗重という諱《いみな》は残っていない。また「氷所太平記」第一巻の写本には「重宗」と記されており、この時代には名前をあえて逆順に表記する慣例があったことからこの問題はないと理解する。いずれにしても「氷所太平記」の筆者については若干納得しがたい部分が残されている。

当初は「氷所太平記」の第一巻はこの一－六〇号までを記録し、ここに著作した年月と著者を署名して完結させるつもりだったが、何かの都合でこの後に一－六一号「当村江座頭不立入候事」が追加されている。

**二－一五「當村金山之事」**

二－一五号には**天明二（一七八二）年四月、当村において請負で金山を採掘するという記録**が記されているが、表書きとは異なり銀山採掘の記録で、「氷所太平記」の中でもとび抜けた記録であると思う。

**ひと月に金一両二歩を支払うということで、当村の作右衛門と北広瀬村の武蔵の両人が請負願人として村へ願い出た。御代官小堀数馬殿へお願いしたところ、ただちに手代の村田丈九郎が請師を召し連れて見分になり、お免許をいただいた。**

喜兵衛と三右衛門と申す者の段取りで、三十人余りが戸坂に三間に八間の小屋掛けをし、村中にも隠居家を二軒借りて掘りかかった。郷中から徐々に見物の者が賑やかにまいり、銀山についていろいろ噂をしていたところ、三日目から四十目ほど吹いた（金属をとかして加工する）と申し、方々でとても順調であると申したてた。

当村にて三十貫目（銀貨の単位で五百両）ほど、近在にて三十貫目ばかり借用し、高い歩合で利息を出すというので皆々隠し金を貸し付けた。同十月十日の夜、残らず放り出していなくなってしまい、はじめて右の借用が明らかになった。そのほかに酒屋、肴屋、諸商売などで過分の借金をし、村中に騒動を引き起こした。初秋の時分の出来事で、高利をもらって年貢の足しにする算段をし、内々に隠し金を貸し付けたものであったと記されている。

「氷所太平記」の一三〇件の記録の中で、二一一五号の記録は片田舎氷所村で起きた事件ではあるが、世間知らずの田舎者をあざ笑うような寓話でもある。

## 四、村会所、郷蔵の建前

**三ー八「従前ヨリ會所屋地跡之処、破損再建之事」**

三ー八号には文久三（一八六三）年九月上旬より会所の再建を行ったと記されている。

古くから長久庵という村持ちの寺があって、途中から村の会所として使ってきたが、ことのほか大破してきたので両組で相談して再建を始めた。この会所は古くは粟嶋山麓にあって不便だったことから、村共有地の字河原に新家鋪を再建し、〆て五貫三百目かかった。ただし大工政八、喜助および木挽き重之助等は素人手間にて四百人余りかかったと記されている。

**三—九「郷蔵大破又ハ村方不弁ニ付河原へ建替之事」**

三—九号には慶応三（一八六七）年四月から、郷蔵が破損しているので五石以上の地主が相談して建て替えを行ったと記されている。

郷蔵は、もとは紋之丞の屋敷脇にあったがなかなか不便であるため、字河原に新屋敷を開建した。右の入用高は〆て二十五貫あまりかかった。ただし大工は村会所と同じく素人手間とし、木挽きは同じ者を使ってできたと記されている。

ここで郷蔵とは江戸時代、農村に設置された公共の貯穀倉庫のことである。本来は年貢米の一時的保管倉庫であったが、中期以降は凶作飢饉にそなえる備蓄用穀物庫として利用されていたようである。

# 第九章　自然災害

この章には氷所村周辺を襲った大旱魃や冷害などの自然災害の記録をまとめた。

江戸時代に起きた四大飢饉とは、冷害、旱魃、水害などの異常気象や害虫の異常発生、病害、火山噴火などによる凶作であるが、特に被害の甚大であった飢饉が該当する。

四大飢饉と呼ばれるのは次頁（表８）のとおりである。

ただし寛永の大飢饉を除いて江戸三大飢饉と呼ばれる場合も多い。また三大飢饉とは別に寛永の大飢饉に元和五（一六一九）年、延宝三（一六七五）年、延宝八（一六八〇）年の飢饉を加えた四つを「近世前期における四大飢饉」として取り上げる見方もある。

右記のうち、最大規模の飢饉は「天明の大飢饉」である。その他、元禄の飢饉（元禄年間一六九一年－一六九五年）、宝暦の飢饉（宝暦年間　一七五三年－一七五七年）なども東北地方を中心に被害をもたらし、四大飢饉に次ぐ飢饉として取り上げられる。東北地方の専門家は天明、天保の飢饉に宝暦の飢饉を加えて三大飢饉と呼ぶこともある。また延宝の飢饉（一六七四年－一六七五年）、天和の飢饉（一六八二年－一六八三年）も被害が大きかったという。

江戸時代は全期を通じて寒冷な時代であったといい、凶作や飢饉が絶えなかった。

**表8　江戸時代に起きた四大飢饉**

| 名称 | 時期 | 被害の中心地 | 当時の将軍 | 原因 |
|---|---|---|---|---|
| 寛永の大飢饉 | 寛永十九（一六四二）年～寛永二十（一六四三）年 | 全国（特に東日本日本海側の被害が大） | 徳川家光 | 全国的な異常気象（大雨、洪水、旱魃、霜、虫害） |
| 享保の大飢饉 | 享保十七（一七三二）年 | 中国、四国、九州地方の西日本各地、特に瀬戸内海沿岸一帯 | 徳川吉宗 | 冷害と虫害 |
| 天明の大飢饉 | 天明二（一七八二）年～天明七（一七八七）年 | 全国（特に東北地方） | 徳川家治 | 浅間山、アイスランドのラキ火山等の噴火とエルニーニョ現象による冷害 |
| 天保の大飢饉 | 天保四（一八三三）年～天保十（一八三九）年 | 全国（特に東北、陸奥国、出羽国） | 徳川家斉<br>徳川家慶 | 大雨、洪水と、それに伴う冷夏（稲刈りの時期に雪が降ったという記録がある） |

## 一、大旱魃

二−四「明和七寅年世上一統旱魃之事」

二−四号には明和七（一七七〇）年に前代未聞の大旱魃があったと記されている。

五月には植えつけの水がなく、井戸水や池水を使ってようやく植えつけを済ませた。

全く雨は降らなかったが、閏六月十六、十七日に少々雨が降り、又七月二十一、二十二日にも少し降ったが、畑の作物は壊滅し、田んぼは三百石あまりが皆無になった。ところが新庄用水の地は豊作で、十分に水があがり五段、七段まで水をくみ上げることができた（おそたう候間、明ときまで上げたという〈遅いときは明るくなる時分まで水をくみ上げたという意味か〉）。

西田、観音寺、屋賀、池尻、馬路村から新庄村々へ通し水をお願いした。山階村から保津までの村々では皆無になった。同雲焼北の方、丑寅（北東）より戌亥（北西）の方向残らず一面雲焼け前代未聞のことであった。世上一統驚き奉った。六月には悪星が出た。

右のとおり日損（日照りのために田畑が乾いて損害を受けること）につき、大津御蔵所の石原清左衛門殿が毛見（幕府または領主が役人を派遣して稲のできを調べ、その年の年貢高を決めること）のうえ、引方（年貢からの引分）玄米にて百石あまり出し下された。ご除料は小堀数馬殿がご見分になられ、玄米八十石あまり下しおかれた。（お蔵納めは三分〈三〇％〉の引方、御除料は七分〈七〇％〉の引方）で、これには過分の相違があった。

先年元文年中に少々日損があり、風損もあったが、格別の措置はなかったところ、関東から小野三太夫殿が中国へご見分に上り、格別の引方八分のご用捨て（八〇％の減免）を一統に仰せつけられ、一ツ六歩で済み、有難きことと喜んだ。しかし当年の百年間にもないような日損にもかかわらず、石原殿が引方減らしをなされた故、世上の沙汰は悪く申した。

歴史年表には明和七年から八年にかけて全国で旱害があったと記されているが、調べた範囲ではその詳細はわからない。「氷所太平記」には旱魃の具体的な事例が記録されており、歴史資料としての価値があると思う。

**二－五「明和八卯年前代未聞大旱魃之事」**

二－五号には明和八（一七七一）年は明和七年に続いて二年連続で大旱魃になったと記されている。

この年は五月に旱魃が始まり、この近国から関東までの広範囲で、平均して半分程度の植えつけをしたが、残り半分ほどは植えつけが出来なかった。小豆、蕎麦、大根は植えつけができた。当村内でも半分は植えつけたが、残り半分には小豆、蕎麦を植えつけたが半分も生えず、稲作として植えつけた半分は皆無になった。前代未聞の大旱魃によって、村中が難渋いたした。そんな状況にもかかわらず、新庄用水の田畑に関しては豊作になった。

日置村から東方向、山寄りの保津までは平均して半分は植えつけすることができず、西田、馬路、保津までの内、用水磧を利用していたところは水不足で難儀した。八木および加野草の渕へ馬路から多人数が出役し、川中を掘割して水を替え送るほどの事態になった。

六月土用三日目に少々雨が降ったので、舟木で少々田植をしたところ、一反につき悪米一石ばかりを収穫した。晩生《おくて》の稲は右のとおりであったが、早稲《わせ》を植えつけたところは三、四斗ばかりの収穫しかなかった。以来植えつけを引き伸ばし、晩生を植えつけるべきということになった。また土用中に少々雨が降ったので、土用明け三日前にためしに少々植えつけたところ、ようやく弐斗ほど悪米が得られた。畑の方は皆無であったが、蕎麦と菜大根はよくできて安心した。

両年の旱魃によって、米相場は六月から追々高値になり、六十目より八十目あまりまで上がったが、但馬国から九州および若狭国から北国筋にかけて両年とも豊作のようで、米が大坂へ過分に着いた。若狭から奥丹波の山中にかけて米が出回り、そのため春になって米価が下がり六十目あまりで落ち着いた。ただし御公儀のご政道は悪く、世間一般ははなはだ迷惑した。

田沼守殿は高い地位を得て、ご老中より身分が高くなったからご政道が悪くなったのだと噂されていた。上流の上河内村は新用水磧を積んだため、川下の古用水磧の村々と紛争になったが、村々へ取りあつかいを仰せつけられた。先の時代には、ご政道が悪く新たに諸運上が課せられ、強訴の高札によって世上一統に仰せつけられた。

江戸時代に入ると、農業以外の各種産業（商業・工業・漁業など）の従事者に対して一定の税率を定めて課税したものを運上と呼んだ。

篠山のご城主青山下野守様五万石のご城下において、百姓一統が強訴してご城下を取り囲んで騒ぎを起こし、町方が用立てした大庄屋以上の六軒が大破したが、ご家中が不埒の至りであるとして、百姓たちの願いどおりになったと記されている。

**二－二六「寛政元酉年旱魃之事」**

二－二六号には**寛政元**（一七八九）年、旱魃のため五月二十八日の時点で苗代《なわしろ》の水がなくり、苗の植え付けを先へ延ばし、漸く半夏生《はんげしょう》（関西地方では梅雨明け頃、夏至の日から数えて十一日目）までに二分（二〇％）ばかり植えつけた。半夏生に雨が降り、それよりへげしやう（？）までに植え付けしたが、村中では三町ばかり植えつけができなかった。ここには小豆を植えるべく村方で極めていたが、小堀数馬殿から土用までには稲の植えつけを完了するよう厳しく仰せつけられ、土用入りに三町ばかり植え付けしたと記されている。

## 二、大風

三－一一三「**明治四未五月大風ニ付、戸数九軒へ御上ヨリ米御下渡有之候事**」

三－一一三号には明治四（一八七一）年五月十一日、前代未聞の大風で戸数九軒がつぶれ、村内の大木は残らず倒れて大変なことになったと記されている。

その折、もと久美浜県から玄米五斗三升あまり、もと笹山県より玄米一石ずついただき、被災の当人へ渡された。古今無双の大風であったのでこれを記しておく。ただし総代池上村治左衛門、小口村廣助、氷所村取締藤右衛門等へ差し置かれたと記されている。

明治五（一八七二）年に初めて現在の太陽暦に切り替わっているので、三－一一三号は旧暦によって記録されているものと思われる。旧暦による明治四年五月十一日は新暦では六月二十八日になり、記録にある大風は台風の襲来によるものではなさそうである。

歴史年表を開いてみてもこの時期に台風が襲来したという記録はない。三－一一三号はおそらく寒冷前線あるいは竜巻などによって局地的な大風が吹いた記録なのかもしれない。

## 三、稲作悪作

**二一一九「天明弐寅年稲作悪作ニ付季禁之事」**

二一一九号には天明二（一七八二）年、諸国で稲作が悪化し、米相場が急上昇したと記されている。

米相場は文銀で五十目前後であったものが、迎春のころから徐々に上がり、九十目あまりになった。

さて、文銀について、元文丁銀《げんぶんちょうぎん》が元文元（一七三六）年六月一日から鋳造が始まり、丁銀の一種で秤量貨幣として通用が開始されている。

さらに翌年諸国で稲作が悪化し、特に東国で一層悪化したために、江戸表の米価が高くなり百七十目まで上昇した。大坂から江戸表へ廻船によって運ぶということで、こちらでも米価が上がりはじめ百十匁（銭九匁八分）あまりまで上がった。しかし両年ともご公儀からは一向に飢食のお救いもなく、京、大坂の町裏ではことのほか難渋いたし、裕福な町屋から少しずつ施しがなされた。

百姓へはお大名様から少しずつ施されたが、樫の実、くすの根、わらび、松の木の皮、籾ぬか、麦ぬか、粉ぬか、焼酎かすまで食べることになり、前代未聞のこととなった。事前の覚悟があったのか、餓死する者は意外に少なかったが、青くはれ上がった者、顔色の違ったものは

**数多くいた。**
**それにしてもご公儀からは一切飢食を下し置かれないので、村中の地主が分に応じて二石五、六斗ずつ差し出し、村方五十軒余りの人々は五十日間に一人当たり米一合ずつ受け取り、漸く飢えを凌ぐことができた。当村では新麦ができるまで続いたと記されている。**

天明の大飢饉とは江戸時代中期の天明二（一七八二）年から天明八（一七八八）年にかけて発生した飢饉である。江戸四大飢饉の一つで、日本の近世では最大の飢饉とされている。

東北地方は一七七〇年代から悪天候や冷害により農作物の収穫が激減しており、すでに農村部を中心に疲弊していた状況にあった。こうした中、天明三（一七八三）年三月十二日には岩木山が、七月六日には浅間山が噴火し、各地に火山灰を降らせた。火山の噴火は、それによる直接的な被害にとどまらず、日射量低下による更なる冷害をもたらすこととなり、農作物には壊滅的な被害が生じた。

このため、翌年から深刻な飢饉状態となった。天明二から三年にかけての冬には異様に暖かい日が続いた。道も田畑も乾き、時折強く吹く南風により地面はほこりが立つ有様だった。空は隅々まで青く晴れて、冬とは思えない暖気が続き、人々は不安げに空を見上げることが多くなった。約三十年前の宝暦年間（一七五一年－一七六三年）の四年、五年、十三年の凶作があったときの天気と酷似していた。

被害は東北地方の農村を中心に、全国で数万人（推定約二万人）が餓死したと杉田玄白は

『後見草』で伝えているが、死んだ人間の肉を食い、人肉に草木の葉を混ぜ犬肉と騙して売るほどの惨状で、ある藩の記録には「在町浦々、道路死人山のごとく、目も当てられない風情にて」と記されている。しかし、諸藩は失政の咎（改易など）を恐れ、被害の深刻さを表沙汰にさせないようにしたため、実数はそれ以上とみられる。被害は特に陸奥でひどく、弘前藩の例を取れば死者が十数万人に達したとも伝えられており、逃散した者も含めると藩の人口の半数近くを失う状況になった。飢餓とともに疫病も流行し、全国的には一七八〇年から八六年の間に九十二万人余りの人口減を招いたとされる。

農村部から逃げ出した農民は都市部へ流入し治安が悪化した。それ以前の天明六（一七八六）年には異常乾燥と洪水が起こっていた事も重なり、天明七（一七八七）年五月には、江戸や大坂で米屋の打ちこわしが起こり、江戸では千軒の米屋と八千軒以上の商家が襲われ、無法状態が三日間続いたという。その後全国各地へ打ちこわしが波及し、これを受けて七月に幕府は寛政の改革を始めた。

二－二〇「**享保十七子年中國稲虫入季禁之事**」

二－二〇号には享保十七（一七三二）年の飢饉について、前後するがこの件については触れられていないので、吟味のうえ記しておくとされている。

**翌丑年には害虫によって全国的に飢饉がおこった。京、大坂、江戸表まで大変な飢饉で、餓**

死したものは幾百人かその数は知れず、前代未聞のこととなった。そのためご公儀より飢食として、男には二合、女には一合ずつの米が津々浦々まで、丑の春までの五十日間下しおかれた。従来米相場は三十二、三匁していたところ、上銀で百二十目まで跳ね上がったが、五月よりやや下がり、五、六月には五十目まで下がった。そのため大坂梅田の墓で、餓死したものの無縁の法事が隠暮された由と記されている。

さらに宗庵という者が諸宗の大法事を行ったところ、ことのほか諸人の参詣があり、万燈を昼夜ともすほどの過分な助力があって、金銀が残った。当村内でも五、六人ばかり餓死したものがあり、青はれ肉絶の者は多数いたが、その節は村全体が困窮していたために施し米を出すこともできなかった。

中川次郎右衛門が少々米を差し出して施し、真如庵法印の空心坊で三日間白粥を炊き出し施行した。そのうちご公儀から飢食が下しおかれ、ようよう飢を凌いだと記されている。

享保の大飢饉とは、江戸時代中期に起こった飢饉で、これも江戸四大飢饉の一つに数えられる。享保十六（一七三二）年末より天候が悪く、年が明けても悪天候が続いた。享保十七年夏、冷夏と害虫により中国・四国・九州地方の西日本各地、とりわけ瀬戸内海沿岸一帯が凶作に見舞われた。ここでは梅雨からの長雨が約二カ月間にもおよび冷夏をもたらした。このため、イナゴやウンカなどの害虫が大発生し、稲作に甚大な被害をもたらした。

被害は西日本諸藩のうち四六藩にもおよび、四六藩の総石高は二三六万石であるが、この年の収穫はわずか二七％弱の六三万石程度であった。餓死者一万二千人（各藩があえて幕府に少なく報告したという説がある）にも達した（「徳川実紀」によれば餓死者九十六万九千九百人とされている）。また、二百五十万人強の人々が飢餓に苦しんだと言われ、享保十八（一七三三）年正月には飢饉による米価高騰に困窮した江戸市民によって享保の打ちこわしが行われている。

表９　八木町域周辺での災害の一例（『図説丹波八木の歴史』より）

| 年 | | | 月 | 事　　項 |
|---|---|---|---|---|
| 寛政 | 6 | 1794 | 6～7月 | 大旱魃・洪水 |
| | 8 | 1796 | 夏ごろ | 大旱魃 |
| | 9 | 1797 | 7～閏7月 | 大旱魃 |
| | | | 7月 | 大地震 |
| | 10 | 1798 | 4月7日 | 大雨洪水 |
| | 11 | 1799 | 5月16日 | 大雨 |
| | | | 8月16日まで | 大雨なし、旱魃 |
| | | | 8月18日 | 大風 |
| | | | 10月 | 旱魃・大風 |
| | 12 | 1800 | 7～8月 | 雨天により稲・綿不作 |
| 享和 | 1 | 1801 | 7～8月 | 度々洪水 |
| | 2 | 1802 | 6月28～29日 | 風強く、終日雨、洪水 |
| | | | 7～8月 | 雨天、稲・綿不作 |
| | | | 10月22日 | 大地震 |
| 文化 | 1 | 1804 | 6～7月 | 旱魃 |
| | 4 | 1807 | 5月中旬 | 旱魃 |
| | | | 5月24日 | 洪水 |
| | | | 9月17日 | 洪水 |
| | | | 秋 | 稲・綿大不作 |
| | 5 | 1808 | 盆前 | 大風 |
| | | | 8月 | 雨天続き綿大不作 |
| | | | 秋 | 稲不作 |
| | | | 冬 | 寒気強、近年にない厳寒 |
| | 11 | 1814 | 夏 | 旱魃 |
| | 12 | 1815 | 7月23～24日 | 大雨 |
| 文政 | 4 | 1821 | 8月4日 | 大風・洪水 |
| | 12 | 1829 | 7月18日 | 大風・洪水 |
| | 13 | 1830 | 7月2日 | 大地震 |
| 天保 | 4 | 1833 | 秋 | 稲不作 |
| | 7 | 1836 | 夏 | 稲不作で高値が続く |
| | 8 | 1837 | | 米高値 |
| | 10 | 1839 | 11月7日 | 平地に雪3尺3寸積もる |
| 嘉永 | 5 | 1852 | 7月21日 | 大洪水 |
| | 6 | 1853 | 5月18日 | この日より天気、追々旱魃になる |
| | | | | 諸国大旱魃 |
| | 7 | 1854 | | 諸国大地震 |
| 万延 | 1 | 1860 | 5月 | 麦不作 |
| | | | 5月16日 | 洪水 |
| | | | 秋 | 大風で不作 |
| 文久 | 1 | 1861 | 6月 | 旱魃 |
| | | | | 麦旱魃 |
| | 2 | 1862 | 4～5月 | 格別の旱魃 |
| 慶応 | 2 | 1866 | 5月14日 | 大雨・洪水 |
| | | | 8月6～7日 | 大雨・洪水、7日夜大風 |
| | | | 8月 | 2度の洪水 |
| 明治 | 1 | 1868 | 8月 | 洪水 |
| | 2 | 1869 | 秋 | 秋作諸国大不作 |

備考：天保7年までは「寛政元年以来記録帳」（『新修　亀岡市史』資料編第2巻所収）、それ以降は「小控記録帳」「自分心覚記録帳」（中川伸子家文書）より作成。

# 第十章　新時代明治の開花

農村氷所村においても突如として明治維新の大変革が始まった。それまでの封建社会制を従順に受容してきた百姓にとっては、この場合も御上からのお達しとして寛容さと忍耐強さによって明治新政府が行う改革を受け入れた。中でも明治維新の成立とともに始まった新しい学校制度に対して、これをどのように受け入れたかという記録にも触れた。

日本史における政治的大革命の明治維新は、徳川将軍家が没落し国の支配権は明治帝のもと天皇親政に戻り、明治時代という政治的、経済的、社会的大変革の時代が始まった。この革命は日本に近代化と西洋化をもたらし、「富国強兵」というスローガンを採用することで、西洋列強と肩を並べられる国民国家をつくることであった。慶応四（一八六八）年の五箇条の御誓文に述べられているように、東京に移転した新政府の第一目標は幕藩体制の解体であった。これは明治四（一八七一）年、各藩が公式に廃止され県制度に置きかわったことで、すべての領主的特権も廃止されたことから始まった。同じ年に国軍が創設され、明治六（一八七三）年の徴兵令によって一層の強化がはかられた。また新政府は金融と税制の一本化をはかる諸政策を実施し、同年の地租改正によって主要財源を確保した。

しかし維新指導者たちが天皇制の名のもとに進めた革命的な変化は、明治二（一八六九）年半ばに反対論の高まりに直面した。新政府を相手にした各地の反乱には不平士族が参加し、その最大のものはかつての維新の英雄、西郷隆盛が率いた反乱（西南戦争）であった。これらの武装蜂起は大きな困難を伴いつつも、新たに創設された軍隊の手によって鎮圧されたのだが、新政権に不信をいだきその農業政策に不満をもつ貧農たちが反乱に参加するという運動は明治十三（一八八〇）年にその頂点を迎えた。

明治維新とは、江戸幕府に対する倒幕運動から、明治政府による天皇親政体制への転換とそれに伴う一連の改革をいう。その範囲は、中央官制・法制・宮廷・身分制・地方行政・金融・流通・産業・経済・文化・教育・外交・宗教・思想政策など多岐に及んでいるため、どこまでが明治維新に含まれるのかは必ずしも明確ではない。

「氷所太平記」にはこの税制について、特に地租の改正について詳しく触れており、農村における土地の所有と年貢という生活基盤については生々しすぎるほどに紙面が割かれている。

明治新政府は、幕府から受け継いだ天領と朝敵となった諸藩からの没収地に行政官を派遣して直轄地とした。つまり、地方行政としては徳川家を駿府藩に移封し、京都、長崎、函館を政府直轄の「府」とした以外は、原則として以前の藩体制が維持されていた。しかし、富国強兵を目的とする近代国家建設を推進するためには、中央集権化による政府の地方支配強化は是非とも必要なことであった。

まず、明治二（一八六九）年に薩摩、長州、土佐、肥前の藩主らが、版籍奉還の上表文を新政府に提出した。これに各藩の藩主たちが続き、六月に返上申請が一段落をむかえると、全藩に版籍奉還を命じた。この版籍奉還により旧藩主たちが自発的に版（土地）・籍（人民）を天皇に返上し、改めて知藩事に任命されることで、藩地と領主の分離が図られ、重要地や旧幕府直轄地に置かれた府、県とともに「府藩県体制」となる。

しかし、中央集権化を進め、改革を全国的に網羅する必要があることから、藩の存在は邪魔になり、また藩側でも財政の逼迫が続いたことから自発的に廃藩の申し出を上奏した。明治四（一八七一）年に、薩摩、長州藩出身の指導者である大久保利通と木戸孝允らにより廃藩置県が実施され、府県制度となり（当初は三府三〇二県、直後に整理され三府七二県）、中央政府から知事を派遣する制度が実施された。このとき、知藩事たちは東京への居住を義務付けられた。なお、令制国の地名を用いなかったために、都市名が府県名となった所も少なくない。

薩摩藩の島津久光が不満を述べた以外は目立った反撥はなく（すでに中央軍制が整い、個別の藩が対抗しにくくなっていたこと、藩財政が危機的状況に陥り、知藩事の手に負えなくなったこと、旧藩主が華族として身分、財産が保証されたことなどが理由とされる）、国家の支配体制がこのように電撃的、かつ画期的に改変されたのは明治維新における奇跡とも言える。

新たな課題としての教育について、江戸時代までは武士の子供たちが学ぶために藩校があり、それぞれの教育は各藩に任せられていたし、庶民の教育としては読み書きや実用的な機能の学習機関として寺子屋や私塾なども存在していた。農村氷所村にとって新しく学校制度を受け入れることは、教育費の負担とともに当時の子供たちは農家にとって大切な労働力であったことから、この問題にどう対処するかという課題もあったが、すべての日本人が持つ向上志向によってこの問題を解決したのではないか思う。そしてこの地域における義務教育の就学率は明治十六（一八八三）年にはすでに男女合わせて五〇％に達し、「学校が盛大になり生徒数が増大していった」と記されている。

## 一、行政改革

三－一〇「**御除料小堀御預リ之處、久美浜へ引渡相成候事**」

三－一〇号には慶応四（一八六八）年、丹波国の御除料はこれまで小堀様のお預かりとなっていたところ、このたび小堀様が罷免になったことを仰せつかった。これより久美浜県へ引渡され、六月十七日に小堀様役所からご廻状がまいり、御手代の湯口徳三郎様、林佐太郎様ご両人が久美浜へお越しになり、ロ組村々より総代ならびに河村兵右衛門、野条村四郎右衛門がお供して引渡しになったと記されている。

ところで久美浜県とは慶応四年に丹後国、丹波国、但馬国、播磨国、美作国にあった幕府領および旗本領を管轄するため、明治政府によって設置された行政府である。管轄地域は、当初は現在の京都府北部、兵庫県西部、岡山県北部、のちに京都府北部が該当していた。

したがって三―一〇号は明治維新後に作られた新政府の行政区分について触れた記録であるが、県庁は旧久美浜代官所（現京都府京丹後市）におかれたことから、丹波地域にとっては遠隔地からの支配に対して違和感がなかったとは言えない。

なお久美浜県は明治四（一八七一）年の第一次府県統合により、丹波、丹後、但馬の一一県が統合されて豊岡県が設置されたために廃止されている。

**三―一一「御一新ニ付、御料高笹山へ御変更ニ付、引渡之事」**

三―一一号には明治二（一八六九）年、王政が御一新になり、当村御料高が篠山の支配へと変更となり、有難くお請けしたと記されている。

御年貢二百石の分を銀納にて篠山庁へ納めたいとお願いしたところ、もとご支配杉村の入札相場で銀納をお聞き届けいただいた。しかし地相場とは石につき四両二分ほどの相場違いがあり、二百石ではおよそ九百両ほど過金になるので村方一統引き続き交渉したが、前代未聞のことにつき記しておくとある。

但し篠山庄屋藤右衛門一人、久美浜庄屋権右衛門、年寄九十郎、次郎八、儀左衛門、藤助、蔵相場一貫五百五十目なりと記されている。

**三－一二「両御支配共京都府管下ニ相成園部御出張御支配御引渡、穢多非人被廃止候、無苗之者苗字被差許候事」**

三－一二号には明治四（一八七一）年の重要な改革が記されている。

篠山および久美浜県両管下は明治四年十一月に豊岡へ引渡すという沙汰とともに、一月二十三日に残りはそのまま京都府へ引渡しになり、園部御出張で御支配されることになった。同時にご制札（一般に知らせる禁止事項や伝達事項を書いて、路傍などに立てておく札）によって、当今から穢多《えた》、非人の称が廃止になった。

これより身分も職業も自ら勝手に決めることができるお達しが出された。すべての人が平民であるという趣意によって苗字を許され、当村でも無苗の者は会所で相談のうえ、山脇あるいは川見の苗字をつけることになったと記されている。

まず明治四年四月、明治新政府は前近代的な身分秩序を踏襲することのない新たな戸籍法を発布し、その実施を目指した。明治五（一八七二）年二月一日に実施され、その年の干支をとって「壬申戸籍」と呼ばれたこの戸籍法は、それ以前に作成された身分的類別（平民戸籍、士籍、僧籍）や信仰によらず、居住地の実に従い戸籍編成が行われた。

## 二、土地制度

三－一五「地理誌御編集ニ付、地券證御下渡シ相成候事」

三－一五号には明治五（一八七二）年二月、今般地理誌が御編集になり、地券證が下されるお達しがあったと記されている。

田畑、山林、荒地などすべての実地測量が完了したので、地順に番号をつけ図面によってお願いしたところ、なにぶん急な御沙汰につき、量間違いや書き損じ等もあった。実地御検査をやった園部御出庁の関様から徐々に地券が御下し渡されることになり、明治六年七月までにあらまし下し渡された。このお願いについて御入用券證一枚につき四銭四厘、高石につき二銭八厘を要したと記されている。

明治四（一八七一）年九月に田畑勝手作《でんぱたかってさく》の許可、明治五年二月には土地永代売買の解禁と、土地制度が改革された。それにともない、明治五年二月に地券渡方規則が達せられ、一筆ごとに地券が交付されることになった。この地券は、発行された明治五年の干支が壬申であったことから、壬申地券と呼ばれる。

壬申地券の狙いは、土地所有者の確定ならびに落地および隠田の解消、全国地価の概要把握などであった。地券に記載される地所の所在、反別、地価、所有者などの土地情報はすべて地主からの申告をもとに、村方で検地帳、名寄帳などの土地に関する帳簿と照合されたものである。

**三－二三「地租改正ニ付、丈量、等級、収穫米取極ニ付、評価被立置（地租金被相定メ新地券願帳出来之事）」**

三－二三号には明治八（一八七五）年八月の地租改正によって、耕宅地、藪林まで綿密に実地され丈量が仰せ渡されたと記されている。

丈量とは地積測量図、用地図、求積図などで、分野によって呼び方や記載内容が若干違う場合はあるが、基本的には用地境界を示す平面図をいう。

村内で評価人四人を投票するよう達しがあり、村内一統で入札し封をしたまま園部庁へ差出したところ、多くの札が入っていたので次郎八、儀左衛門、熊五郎、伊助の四人が評価人になるよう仰せられて承った。実地丈量は「三斜法」によって実施するよう達しがあり、測量人荒塚庸五郎が六月一日青戸村の知恵寺へ測量の教授に罷り越した。

三斜法とは土地の面積の計算方法の一つで、多角形からなる土地を最小単位の三角形に分割し、それぞれの三角形について底辺×高さによって面積を求め、それらの三角形の面積の合計によって目的とする土地全体の面積を求めるものである。また、土地を三斜法によって求積することを俗に「三斜を切る」と呼ぶこともある。

それから区内戸長、評価人一統が出頭して五日までに丈量の方法を承服し、村内の丈量の手順を協議したところ、評価人だけではとても行き届かないということで、他に九戸者、権右衛門、彈司、間作、藤助、為右衛門等都合十人と、下足人（？）は村方より土地所有者が適宜指図し、人足を確保して測量するべき条件が整った。十月九日より村内の山地を除いて六六字に区別し、一筆ずつ一字ごとに野図を作り上げ、「一間一歩の法」に則って絵図を作成し字限《あざきり》六六冊に綴り、反別番号ごとに持ち主を詳細に記載して字絵図を認めた。

「一間一歩の法」と記録されているがこの詳細はわからない。土地測量に用いた間竿《けんざお》とは長さを測るための竹製の竿で検地竿ともいう。その名の通り一間の長さを測るためのもので、通常は二間の竿一本と一間の竿二本を組にして用いたものである。明治時代一間の長さは六尺と定められた。

また字限とは明治六（一八七三）年の地租改正に伴い、明治政府によって字単位で作成された地図のことである。近世以降の検地帳についても土地一筆毎の字名が記されているが、字限図は検地帳一筆毎の測量を元に作成された地図である点が異なる。

明治十（一八七七）年三月中旬、この帳面に麁《あら》絵図を添えて係員へ差し出したところ、実地丈量の反別番号と土地所有者を一筆ごとに記し、畝杭を立てるように達しがあり、ご主旨に基づき杭を立て置き丈量が済んだ届出書を差し出した。

土地改正の官員が室橋村の城寺へお越しになり字限御検査が行われた。一字につき、十筆に一カ所ご検査の御教諭があり、字限振鬮《くじ》をもって検査場所を御決定になり、お受けして帰村しその器械を取り揃えておいた。

三月三十一日午前八時、官員が該邸へお越しになり前日の振鬮どおり検査を受け、日暮にいたり字棒杭に検査済の焼き印を頂戴した。次に地位、等級は、一村を二十七等に分けて収穫見込み帳を差し出すようお達しがあり、日置、氷所、青戸三カ村組合ごとに会所にて協議し、翌日村内の土地所有者一統に地位、等級を二十七等に区別させて収穫米帳を差し出したところ、とり放たずそのままお預かりになった。

同十一月二十九日午前八時、官員が亀岡称妙寺へお越しになり、次郎八、儀左衛門の両人が出頭したが、反別一筆限帳と等級見込み帳が合わないので、再三取り調べの上、その村七種の反別を定めるように仰せられた。順次取り調べ十二月十六日郡総代松本斎助より、先に提出した見込み帳は実地に適合した収穫米とは見做し難いので、確実の収穫米を差し出すようご説諭があった。

その節実地適合の収穫米下書きを下し渡されたが、村内一統承諾いたし兼ねて嘆願書を認め、係の官員が須知村へお越しの際に、次郎八、熊五郎が願書持参して出頭いたしたが、京都府全般に係る問題であり、この願書は採用にならなかった。帰村の上土地所有者と協議を尽したが、どうしても村内の収穫米を減らすには至らず、半ば永続見込みがつかないので再願する決心をいたし、また次郎八、儀左衛門、熊五郎の三人が園部志賀屋へ出頭した。

保官員が宿にて御滞留されており、先の見込書を差し出すよう仰せられたと聞く。なおまた帰京の上、なるべく丈減方申しつけ候様仰せ渡され、帰村いたし村内一統と相談のうえ、収穫見込帳を御滞留先へ差し出した。

明治十年三月十日、先出の収穫米を減らす件が認められ、田は反当り米一石五斗三升、畑は反当り米八斗五升、宅地一石三斗四升、藪一斗三升七合、林原四升三合、草生稲干場四升一合として御検査は終了した。

徐々に一筆限前に決定した等級に分賦し、収穫米一石につき、地価三十六円四十銭に見込、この地租金百分の三として一円九銭一厘となった。その後明治十年分の地租は金百分の弐ケ半となった。御布告があり改正地租税は今後壱ケ半の定めになった。それから同五月中旬一筆ずつの新地券願帳を差し出すようお達しにつき、六月上旬に成し遂げ、また山丈量を仰せつけられ、江州より四、五人の測量人を雇い入れ、村々より出来上がった帳面を差し出し区長両人の内検査によって済ませた。

明治十一（一八七八）年二月、山地検査をいたし棒杭を立て置くよう御沙汰があった。同八月山税取決めの御沙汰につき、区務所にて官人より申し渡しの件を承知した。税金村方帳面に記されているとある。

明治六（一八七三）年七月、地租改正条例、施工規則、地方官心得など、地租改正の基本法令が公布されている。これには①土地所有者を確定し、改正地券を交付する②従来の貢租を全廃、土地調査により確定した地価を主たる課税基準にする③土地所有者は地価の三％を地租として金納する（明治十年一月に二・五％に減租）④改租作業は官員ではなく、土地所有者を中心とする農民が主体的に行う、こととなった。

改組作業の手始めとして実施されたのは、一つひとつの土地を点検し落地をなくし、地積を測量することであった。これを地押丈量という。具体的には、一筆ごとに地目を確定して番号を付し、字、新地番、反別、地主名などを記した畝杭を立て、これらをまとめた野帳と「耕地其他一筆限帳」を作成することであった。

丈量として、各村で選ばれた評価人（村高百石につき一人）と戸長を中心に進められた。明治八（一八七五）年八月中に選出された評価人と戸長は、九月中旬より十月初頭にかけて、郡、区単位で丈量について打ち合わせながら、京都府庁から派遣された教師指導のもと丈量稽古につとめて本測量に入った。

以上の地押丈量の結果に基づき、一筆ごとの地価を算定することが地租改正の主眼であり、改正作業の山場となった。

地価の算定にあたっては、地位等級方式を採用することとなっており、そのためにはまず、郡単位で村位等級が定められた。これは各村で反別、肥沃度、地形、物産、灌漑水などを調べて作成された「地勢概記」をもとに、郡内の区長、戸長、評価人、地主惣代人、老農人が協議決定したものである。

この村位等級を基準にして、村内の地位等級（二十七等級以内）が確定された。これは村の戸長、評価人、老農人が協議し、地味の良し悪し、収穫量の多寡、耕耘の難易、水利の便否などを加味して見込んだ等級をもとに、地主の投票で決定するのが原則であった。

地押丈量の結果をふまえ地位等級を確定させた各村は、明治九（一八七六）年七月に「収穫見込書」を提出して各村の反別、収穫高、地価を報告して改租事業は完了した。

明治十（一八七七）年三月、各村は「地租御改正御請書」を提出し、耕宅地の改租事業は終了、十一月から十二月にかけて壬申地券と引き換えに改正地券が交付された。

**三－二九「地租御改正ニ付、新券ト旧券ト交換御下渡シ之事」**

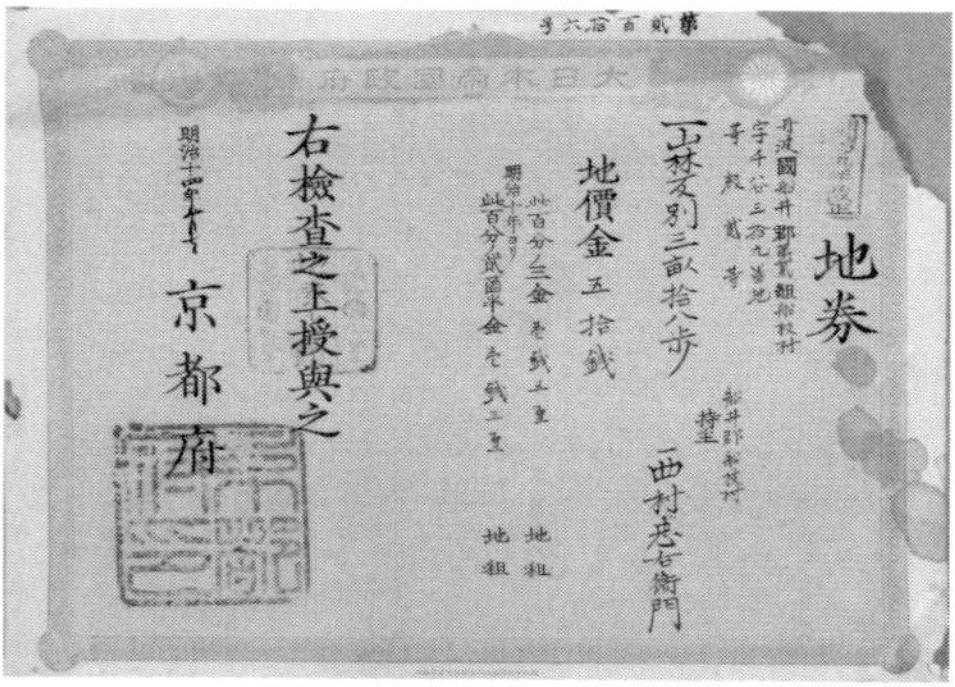

写真11　改正地券（西村良平家文書）（『図説丹波八木の歴史』より）

三－二九号には明治十一（一八七八）年に改正新地券を渡すという沙汰があり、京都府の地券課へ出頭したことが記されている。

同年七月二十九日、戸長熊太郎、評価人儀左衛門両人が罷りでて、山地券のほか耕宅地券一式を受けとった。用紙代として一枚につき一銭二厘、手数料六厘、都合一銭八厘かかり出金したと記されている。

耕宅地改租事業によって最終的に確定した収穫高は、申請した見込高より七％、旧村高と比べれば二二％も増大している。これは村の見込申請よりも過剰な生産力が強制的に割り付けられた結果であり、田地一反あたりの収穫高が三一％も引き上げられている。

地租については、当初の地租率は三％となり旧年貢率よりも二八％減ったが、のちに固定化される地租率二・五％では四〇％も減少することになった。

## 三、治安、税制、自治改革

三ー一八「**番人被廃止壱区之内、五、六名巡査ヲ被立置候事**」

三ー一八号には従来から番人と呼んで給米を差し出していたが、このたび廃止になり、郡中に四十五人の守護が置かれ、巡査として一区に五〜六人ずつ交代で務めることになったと記されている。

**給料は一人につき三円五十銭渡し、出金は一戸につき月あたり上等五銭、中等三銭、下等一銭を規則通り出金することになった**と記されている。

明治四（一八七一）年、東京府に邏卒《らそつ》が設置され、後に巡査と名称を変えたことが近代の警察官制度の始まりである。明治時代の警官は藩閥の影響により薩摩藩の人物が多かったとされているが、後に平民や他の旧藩の人物からも採用が進められることになった。

三－二二「**従前弁米の池床総溝料小前持共買上之事**」

三－二二号には地租改正によって小前もちになっていた池床総溝料が残らず買上になったことなどが記されている。

今般地租改正によって従来池床総溝料は村が立替え、小前持ちになっていた分は残らず買上に決定し、池床の件は隣地と比較によって租税を引き去り、残った米は一円に三升の歩合で買上、溝料米はその溝の模様によって二割、三割に分けて、残米は池床同様の歩合にて買い上げることとなった。

小前とは江戸時代の小農民をいい、「前」は身分とか分限を意味している。一般に耕地や宅地を所持し年貢を負担する本百姓をすべて小前、小前百姓といった。

三－三二「**区名廃止ニ相成、区長ヲ戸長ト改、村戸長廃止之事**」

三－三二号には明治十二（一八七九）年に区名が廃止になり、一区を一組と改名し区長を戸長に改称したと記されている。

桑田郡亀岡に郡長一人、同郡周山に郡長を置くため船井郡園部に郡長一人、船井郡足迫十六区のところ合区により六組とし、一組に戸長六名を置き足迫まで区長が置かれた。各村に一人ずつ総代を置き、当村総代には給米四石五斗、伍長五人には一人につき給米五斗、一里以上の出張の節には弁当料として一升を与えると定められたと記されている。

少しいきさつを説明すると、まず明治四（一八七一）年に公布された戸籍法は、数か町村をまとめて「区」を設定し、戸長、副戸長を置き、区内の戸籍作成にあたらせた。
しかしこの戸長、副戸長には、庄屋、年寄といった近世の村役人層がついたので、近世の地域に存在した身分的なしがらみが継続されたと考えてよい。明治五（一八七二）年四月九日、明治政府は農民が担う地域の役職である庄屋、年寄などを廃止し、土地、人民に関する事務一般を担う役職としての「戸長」および「副戸長」を成立させたのである。

## 四、学校運営

三―一四「宇古宮立木売払、学校建営ニ付、代金ヲ以出金之事」

三―一四号には明治五（一八七二）年早春、会所にて相談し古宮の立木及び地所を売り払い、学校への入用手当にしたことが記されている。

**古宮の立木と地所を入札で代金六十四円余りにて売り払い、半分は各戸へ分けて渡し、半分は青戸村に学校を建てる通達があり、学校への入用手当とした。当十月には社倉（飢饉などの際の窮民救済のために設けられた米や麦などの貯蔵庫）のため一石に付、籾一升ずつ積み立て置くこととした。往来の道筋にあった大日地蔵を取り払うよう通達があり、村方の人足にて会**

所の乾の方へ取り集め置いた。従来称していた石高は廃止になり、今回から反別と称するようお達しがあった。

船井郡一郡を十五区に分け、青戸校は一区になり氷所、日置、池上、刑部、北広瀬、西田、観音寺、屋賀、青戸九カ村を組合とし、大村には戸長二人、小村には戸長一人を置くことになり、当村は入札にて九月中旬より中川儀左衛門、人見次郎八の両人が命ぜられた。一区に区長、副区長を入札し、正に中川藤右衛門、池上副に麻田治左衛門の二人が命ぜられた。また村内に五組という五軒ずつの組み合わせができた。学校教師として池上の麻田管次、西田幸平の両名で当分子供、生徒を担当することになった。学校の入用は追々増加し、三月に会所で相談の上宮山の立木を売り払ったことなどが記されている。

明治五年八月、「村に不学の戸なく戸に不学の人なからしめん」と国民皆学の精神を掲げた「学制」が発布された。学制の施行に先立って小学校の設立に力を入れたのが京都府である。明治元（一八六八）年に市中での小学校設置方針を定め、明治四（一八七一）年には郡部へ小学校の設立を勧奨している。

これを受け八木でも小学校の設立をめぐる動きが活性化するのであるが、時を同じくして三つの地区が小学校の開設を願い出た。その一つが青戸校を願い出た九カ村連合である。実際の開校は学制発布後となったものの、小学校の設立をめぐるいち早い対応は注目に値する。

三－二二「**学校盛大ニ付生徒相増、家鋪替建築致候事**」

三－二二号には明治十（一八七七）年五月二十二日、学校が盛大になって生徒が増え、教場が不便になってきたので新校舎を建てたと記されている。

教場がはなはだ具合悪くなり、再建築を相談することとなった。区長や保護者が度々集会したが、校舎の場所について村々が勝手に名乗るのでなかなか決まらなかった。

明治九（一八七六）年八月まで一年間に数度集会があり、青戸村か河原北南でくじ引きし、くじに当たったところを学校用地とすることを取決めた。南字大浦というところがくじに当たり、学校用地が決定して村々が普請に取り掛かった。

定めによって諸職人が入れ札し、横口村の森伊三郎が落札した。明治十年五月二十二日に普請が完成し、移伝式が執り行われた。総入用金は千七百円余りかかり、積立金からおよそ五歩（五〇％）ばかりを出金した。委しくは小学校請負帳面に記されているとある。

『図説丹波八木の歴史』（第四巻）から、明治初期の学校教育について触れている部分を抜粋しておく。三－二二号に記された学校は「敬慎校《けいしん》」で、明治五（一八七二）年六月に青戸村など九か村の連合願書を受け、同年十一月に開校している。当初は青戸村に買い取った敷地および家屋を校舎に充てていたが、明治十年には青戸村大浦に二百十坪余の敷地を購入して校舎（九教室および事務室）を新築移転している。地域の話題に上るほど「すこぶるハイカラ式」の新校舎であったとされている。

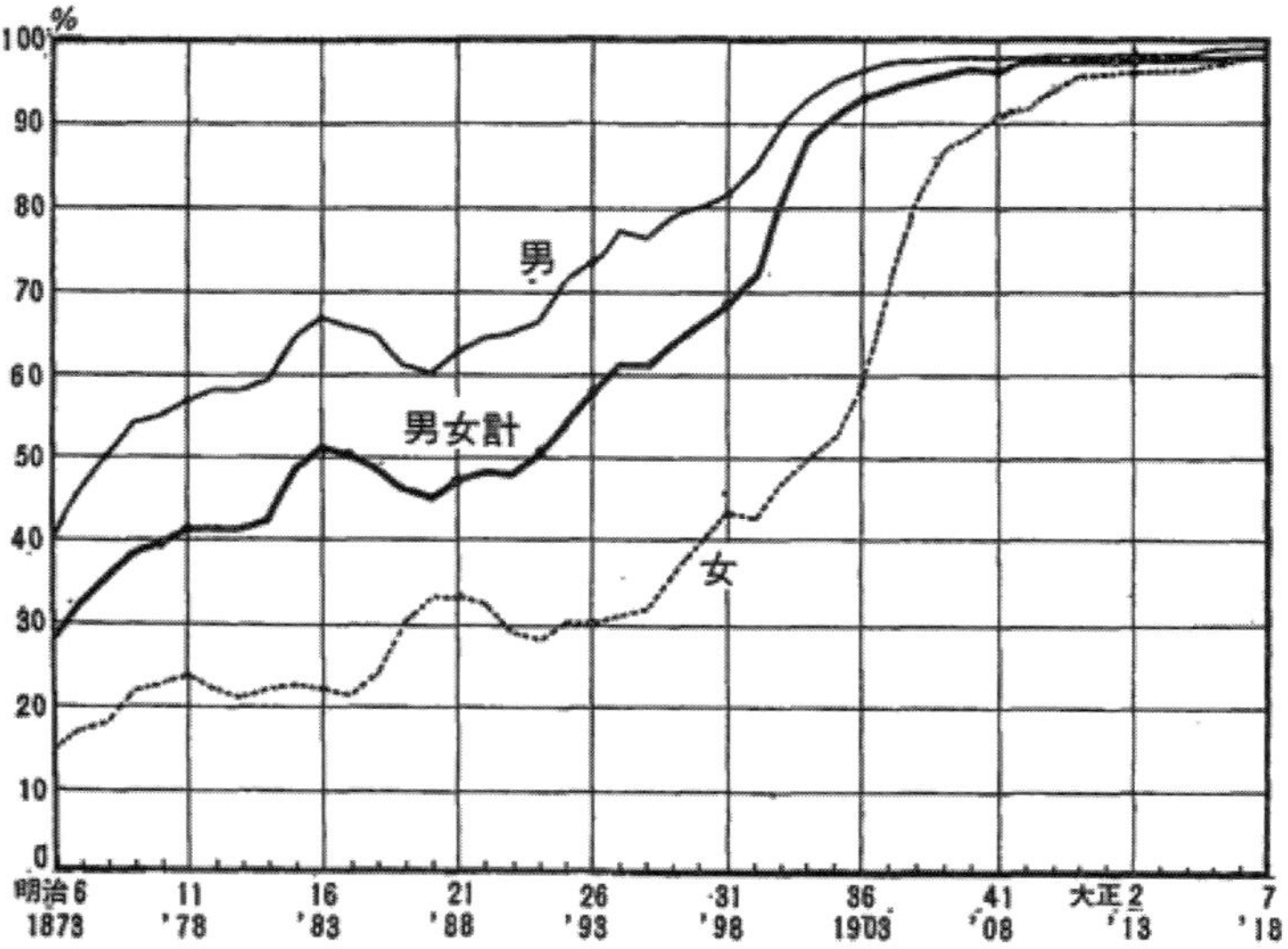

表10　男女別の義務教育就学率の推移（『図説丹波八木の歴史』より）

この時期の小学校は、学費（月謝）、教育費（村税）、寄付など、住民の負担によって運営されるのが原則で、その徴集のあり方を含め、小学校の運営をどうすべきか、地域で決定していかねばならなかった。特に明治十年代にはいると、児童数の増加にともない、敷地購入や校舎建設などの新たなインフラ整備が進められたため、その費用徴収が学区の重要な課題となったようである。

# あとがき

平成二十八（二〇一六）年五月に「氷所太平記」現代語訳のまえがきに着手して、ちょうど一年が経過してこのあとがきをまとめるに至った。

まえがきでも触れたように、まず崩し字で記された古文書を翻字によって楷書に改め、翻字作業を経て初めて現代語訳に着手できる。現代語訳を始めるにあたって、一三〇項目の記録について、Ｂ1版に近い七〇×一〇〇センチメートルの用紙を用意し、この用紙の横軸に年代を均等に割り付け、縦軸に出来事、村の支配、登場人物、それに備考欄を設けて、てまえみそではあるが、きわめて緻密な一覧表に整理した。その結果、本文の第一表にまとめたとおり、その出来事が書かれた時代が特定できない一二件の記録を除いて一一八件の記録を、江戸以前、江戸初期、同中期、同後期、それに明治初期に分けて整理し、その全貌を明らかにした。

巻末に「氷所太平記の年表」としてその一部を添付したが、それぞれの記録はどの時代の出来事であったのかが一目瞭然で、読む人の関心を一層高めることができたのではないかと思う。

「第七章　神社と寺」で注書したように、氷所村の幡日佐神社縁起は和銅年間にさかのぼることから、この「氷所太平記」には江戸以前の相当古い記録もあるのではないかと期待したが、これに該当する記録はわずかに五件程度でそれほど多くはなかった。逆に言えば「氷所太平記」は全文にわたって、江戸初期から明治初期にかけての詳細な記録が凝縮して残されているとも言える。

つぎに「氷所太平記」は、明確な意図はなかったかもしれないが、後世へ伝達するために書きとめられた古記録で、ほとんどは〝出来事〟が記されている。このためか著作した者の主観的な表現は少なく、淡々とした歴史記録としてつづられている。それに一三〇件の記録の多くにはこれを記した元号とそれぞれのタイトルが付けられていて、後世に伝わることを期待しながらつづられたようにも感じる。

また「氷所太平記」は、記録ごとに関係者の名前がこと細かく記されている。これは後世に偽りのない実証として残すことを意図したものであったのかも知れない。ざっと数えただけでも百三十人以上の関係者の名前が記されており、よくここまで記録できたものだと感心する。おおよそ三百年間にわたる記録は、代官や郡奉行の管理を受けながら村落の管理運営にあたった庄屋、年寄、百姓代など村方三役が、時代の流れとともに農村生活をどのように管理、運営してきたかをつぶさに知る手がかりとなる。

現代語訳のところで最も心を配ったのは、「氷所太平記」に記された記録をできるだけ忠実に現代語訳することであった。このために、当初は大胆な現代語訳をやりたいと思いながら、書き進むうちに記録をできるだけ忠実に再現しなければならないと思い返し、義務感からかえってたどたどしい文章になったことは否めない。

「氷所太平記」に記された一三〇件の記録は、「第三章　村の収穫高、年貢、地租、検地ならびにご支配」から、「第十章　新時代明治の開花」まで八つの章に分類したが、果たしてこれが最適であったかどうか確信はない。それぞれの記録にはインターネットのウィキペディアやコトバンクから引用した参考資料を注書するとともに、平成二十四（二〇一二）年に京都府南丹市から発行された『図説丹波八木の歴史』（第一巻から第四巻）を網羅して必要な部分も注書に加えた。

少し過剰かもしれないと思いながら、その章の記録を読むための参考になるのではないかと思いながら各章に注書を加えて現代語訳を終えた。

「氷所太平記」現代語訳の製本・出版にあたっては、古文書の原文を写真復刻して添付すべきかどうか逡巡したが、以前お世話になったある編集者のご意見を参考に、原文をそのまま引用した部分を太字表記することによってアクセントをつけてこの問題を解決した。これを読む人にとって多少煩雑であるかと思うが、こうした意図を理解いただくことでお許しを願いたい。さらに編集者から、関連する古地図や図、表などを適所に追加することによって一層厚みが加わるという意見があり、『図説丹波八木の歴史』を中心に二五点余りの資料を許可を得て借用し掲載した。

まずこの「氷所太平記」は氷所村に誕生して、ここで育った人々に読んでもらいたいと願うのだが、それ以外に江戸時代を中心とした農村社会に関心を持つ人々にも読んでもらいたいと思う。
古文書「氷所太平記」の解読を終えて、今これを公開できることに安堵と達成感を感じながらあとがきを記す。

（平成二十九年五月二十二日）

中川　興史

## ■参考資料

### 江戸時代の貨幣価値と物価表（京都故実研究会より）

※江戸時代の平均貨幣価値の物価基準に基づいて換算

金 1 両＝金・銀 4 分＝金・銀 16 朱＝銀 60 匁

＝寛永通寶 4 千文＝天保通寶 40 枚

明治政府　旧金 _1 両＝新 1 円＝金 1.5g

_慶長大判 金 1 両の 1/10 金含有量

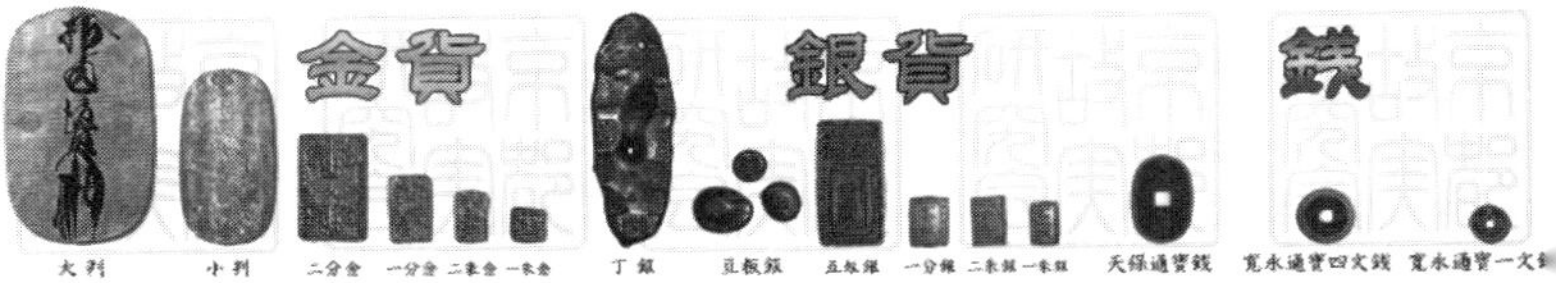


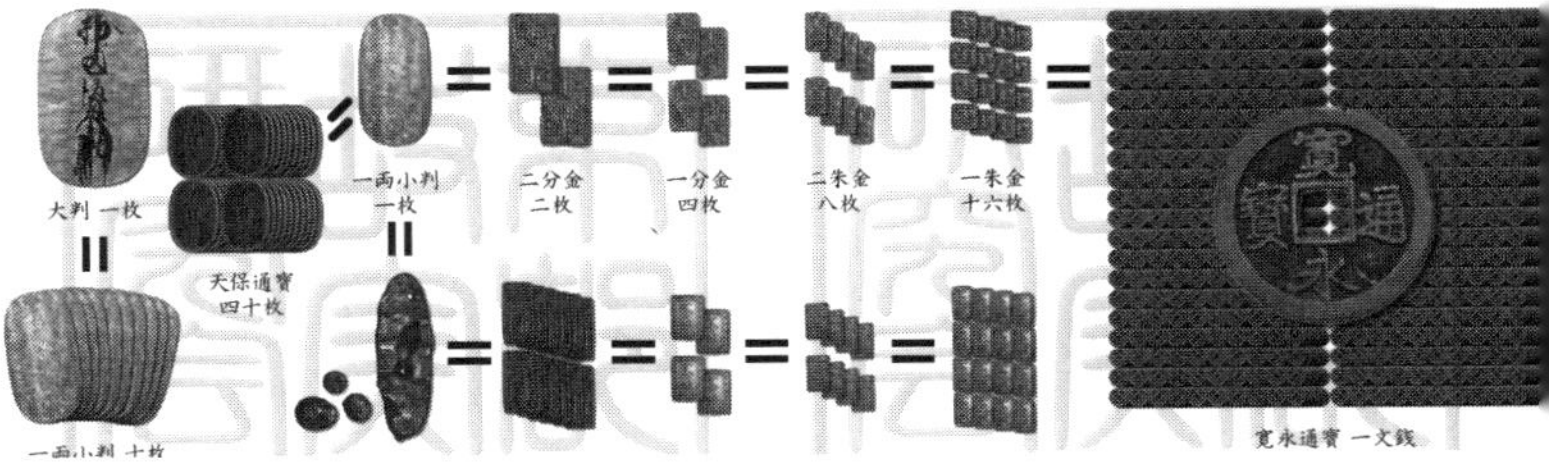


江戸時代前期　慶長小判金 1 両　金 4.2 匁（15,800mg）＝ 約 10万円＝ 銀 50 匁
＝銭 4 千文（25.0 円 / 文）

江戸時代中期　享保小判金 1 両　金 4.1 匁（15,309mg）＝ 約 8万円＝ 銀 60 匁
＝銭 4 千文（20.0 円 / 文）

江戸時代後期　万延小判金 1 両　金 0.5 匁（1,892mg）＝ 約 5万円＝ 銀 150 匁
＝銭 10 貫文（5.0 円 / 文）

江戸時代平均　金 1 両　＝ 約 6.6万円＝ 銀 60 匁
＝銭 4 千文（16.5 円 / 文）

1 貫　1000 匁＝ 約 3.75kg ＝ 1 升
＝ 10 合

1 匁　1 匁＝ 約 3.750g ＝ 1 斗
=10 升＝ 100 合

1分　　　　　1/10匁＝　約0.375g＝　　1石
＝10斗＝100升

1厘　　　　　1/100匁＝　約37.5mg＝　　1俵
＝4斗＝40升

1尺　　曲尺＜指矩＞＝　　約30.3cm
＝鯨尺＜呉服尺＞37.8788cm

1寸　　曲尺＜指矩＞＝　　約3.03cm
＝鯨尺＜呉服尺＞3.78788cm

| | | 数　量 | 江戸時代の平均貨幣価値＜1文=16.5円＞ | |
|---|---|---|---|---|
| 1 | 長次郎 造 茶碗「鉢開」落札値 | 1口 | 1,200両 | 79,200,000円 |
| 2 | 長次郎 造 茶碗「東陽坊」入札値 | 1口 | 500両 | 33,000,000円 |
| 3 | 数奇者 絲屋十右衛門 お茶入 | 1個 | 5,000両 | 330,000,000円 |
| 4 | 浮世絵 | 1枚 | 32文 | 528円 |
| 5 | 新刊本 | 1冊 | 300文 | 4,950円 |
| 6 | 瓦版　＜1枚物＞ | 1部 | 4文 | 66円 |
| 7 | 瓦版　＜幕末＞ | 1部 | 30文 | 495円 |
| 8 | 見せ物 | 1芸 | 24文 | 396円 |
| 9 | 歌舞伎・芝居(桟敷席) | 1席 | 銀　164匁 | 180,400円 |
| 10 | 歌舞伎・芝居(切落席) | 1席 | 銀　35匁 | 38,500円 |
| 11 | 歌舞伎・芝居(土間席) | 1席 | 銀　15匁 | 16,500円 |
| 12 | 歌舞伎・芝居(一幕立見) | 1席 | 16文 | 264円 |
| 13 | 風呂屋　　＜大人1人＞ | 1回 | 8文 | 132円 |
| 14 | 風呂屋　　＜子人1人＞ | 1回 | 6文 | 99円 |
| 15 | 風呂屋　　＜幼児1人＞ | 1回 | 4文 | 66円 |
| 16 | 駕籠　　　＜日本橋～吉原=約5km＞ | 1回 | 200文 | 3,300円 |
| 17 | 飛脚普通便＜江戸～大阪=約25日＞ | 書状1通 | 30文 | 495円 |
| 18 | 飛脚特急便＜江戸～大阪=2～3日＞ | 書状1通 | 124文 | 2,046円 |
| 19 | 宿泊代　　＜1泊2食付＞ | 1泊2食付 | 248文 | 4,092円 |
| 20 | 片道旅費　＜江戸～京125里=500km＞ | 13～15日 | 1両1,000文 | 82,500円 |

| | | | | |
|---|---|---|---|---|
| 21 | 木綿生地 | 1反 | 600文 | 9,900円 |
| 22 | 股引(ももひき) | 1対 | 600文 | 9,900円 |
| 23 | 足袋 | 1足 | 180文 | 2,970円 |
| 24 | 草鞋(わらじ) | 1足 | 15文 | 248円 |
| 25 | 下駄(並) | 1足 | 50文 | 825円 |
| 26 | 番傘 | 1本 | 200文 | 3,300円 |
| 27 | 蛇の目傘 | 1本 | 800文 | 13,200円 |
| 28 | 西瓜(スイカ) | 1個 | 40文 | 660円 |
| 29 | 沢庵大根 | 1本 | 15文 | 248円 |
| 30 | 鮨　＜握り鮨=1個＞ | 1貫 | 8文 | 132円 |
| 31 | 鮪 | 1尾 | 200文 | 3,300円 |
| 32 | 鰻飯 | 1杯 | 200文 | 3,300円 |
| 33 | 初鰹 | 1尾 | 5,200文 | 85,800円 |
| 34 | 鰯 | 10尾 | 50文 | 825円 |
| 35 | 豆腐 | 1丁 | 50文 | 825円 |
| 36 | 豆腐田楽 | 1本 | 2文 | 33円 |
| 37 | 納豆 | 1束 | 4文 | 66円 |
| 38 | 蜆(しじみ) | 1升 | 10文 | 165円 |
| 39 | このしろ(鰊科の魚) | 1尾 | 3文 | 50円 |
| 40 | ゆで卵 | 1個 | 20文 | 330円 |
| 41 | 蕎麦・うどん | 1杯 | 16文 | 264円 |
| 42 | 天麩羅蕎麦 | 1杯 | 32文 | 528円 |
| 43 | 焙烙(炒鍋) | 1枚 | 12文 | 198円 |
| 44 | 長命寺の桜餅 | 1個 | 4文 | 66円 |
| 45 | 大福餅 | 1個 | 4文 | 66円 |
| 46 | 蒸羊羹(ヨウカン) | 1本 | 70文 | 1,155円 |
| 47 | 串団子　＜1本=4個入＞ | 1本 | 4文 | 66円 |
| 48 | 心太(トコロテン) | 1杯 | 70文 | 1,155円 |
| 49 | 甘酒 | 1杯 | 8文 | 132円 |
| 50 | 冷や水 | 1杯 | 4文 | 66円 |
| 51 | 米　＜1升=1.8L=1.5kg＞ | 1升 | 100文 | 1,650円 |

| | | | | |
|---|---|---|---|---|
| 52 | 関東醤油　＜1升=1.8L=1.5kg＞ | 1升 | 60文 | 990 円 |
| 53 | 下り醤油　＜1升=1.8L=1.5kg＞ | 1升 | 100文 | 1,650 円 |
| 54 | 黒砂糖　＜1斤=160匁=600g＞ | 120文 | 1,980円 | |
| 55 | 里芋　＜1升=1.8L=1.5kg＞ | 1升 | 36文 | 594 円 |
| 56 | 菜種油　＜1合=180ml＞ | 1合 | 40文 | 660 円 |
| 57 | 魚油　＜1合=180ml＞ | 1合 | 20文 | 330 円 |
| 53 | 居酒屋の酒＜1合=180ml＞ | 酒1合 | 30文 | 495 円 |
| 59 | 上酒　＜1升=1.8L＞ | 1升 | 250文 | 4,125 円 |
| 60 | 酒　＜1升=1.8L＞ | 1升 | 125文 | 2,063 円 |
| 61 | 下酒　＜1升=1.8L＞ | 1升80文 | 1,320円 | |
| 62 | 煙草 | 14g | 8文 | 132 円 |
| 63 | 百目蝋燭　＜約100匁＞ | 1丁 | 200文 | 3,300 円 |
| 64 | 蝋燭　＜7匁掛＞ | 1丁 | 18文 | 297 円 |
| 65 | 蝋燭　＜3匁5分掛＞ | 1丁 | 9文 | 149 円 |
| 66 | 歯磨き粉　＜約1ヶ月分＞ | 1袋 | 8文 | 132 円 |
| 67 | 紅　＜1匁=金1匁=約20塗分＞ | 1塗 | 30文 | 495 円 |
| 68 | 江戸の水　＜化粧水大箱＞ | 1箱 | 150文 | 2,475 円 |
| 69 | 鉄漿水 | 1杯 | 1文 | 17 円 |
| 70 | 床屋(髪結・散髪) | 1回 | 28文 | 462 円 |
| 71 | 吉原　＜太夫の挙げ代＞ | 1回 | 1両2分 | 100,320 円 |
| 72 | 病の親の薬代の為に娘が吉原へ | 身売代 | 50両 | 3,300,000 円 |
| 73 | 夫の窮地を救う為に妻が吉原へ | 身売代 | 80両 | 5,280,000 円 |
| 74 | 按摩(あんま)上下 | 1回 | 50文 | 825 円 |
| 75 | 避妊薬 | 1回 | 124文 | 2,046 円 |
| 76 | 不倫の示談金 | 1回 | 7両2分 | 495,000 円 |
| 77 | 富籤(宝くじ) | 1枚 | 2分 | 33,000 円 |
| 78 | 富籤(宝くじ)当籤金 | 1当 | 1,000両 | 66,000,000 円 |
| 79 | 浅草紙 | 100枚 | 100文 | 1,650 円 |
| 80 | 塵紙(ちりがみ) | 1帖 | 7文 | 116 円 |
| 81 | 算盤 | 1挺 | 銀　1匁8分 | 1,980 円 |
| 82 | 手拭　＜3尺＞ | 1筋 | 117文 | 1,931円 |

| | | | | |
|---|---|---|---|---|
| 83 | 上扇子 | 1橋 | 36文 | 594 円 |
| 84 | 中扇子 | 1橋 | 18文 | 297 円 |
| 85 | 馬 | 1頭 | 25両 | 1,650,000 円 |
| 86 | 長屋の家賃＜九尺二間の1間＞ | 1ヶ月 | 600文 | 9,900 円 |
| 87 | 幕府収入　＜8代 徳川吉宗期＞ | 1年間 | 80万両＋<br>米85万石 | 約 1,930 億円 |
| 88 | 大奥の諸経費 | 1年間 | 20万両 | 約 132 億円 |
| 89 | 上臈御年寄＜合力金100両+100石等＞ | 年収 | 221両2分 | 14,619,000 円 |
| 90 | 御末　　　＜合力金2両+4石等＞ | 年収 | 7両400文 | 468,600 円 |
| 91 | 大奥の賄賂＜上臈御年寄＞ | 1年間 | 1,000両 | 66,000,000 円 |
| 92 | 参勤交代費＜金沢～東京2,000人＞ | 12泊13日 | 3,000両 | 198,000,000 円 |
| 93 | 地ならし費＜加賀～江戸＞ | 1回 | 1,250両 | 82,500,000 円 |
| 94 | 元和9年（1623）小袖45点＋染物14反 | 合計 | 銀 7貫868匁 | 8,654,800 円 |
| 95 | 延宝6年（1678）小袖＋反物等 340点 | 合計 | 銀 150貫 | 165,000,000 円 |
| 96 | 京の難波屋九郎左衛門　大名賞金 | 総額 | 銀 10,100貫 | 約 111 億円 |
| 97 | 大工の手間賃＜日当＞ | 1日 | 銀 6匁 | 6,600 円 |
| 98 | 越後屋（現、三越百貨店）の売上金額 | 1日 | 150両 | 9,900,000 円 |
| 99 | 魚河岸（現、築地市場）の総売上金額 | 1日 | 1,000両 | 66,000,000 円 |
| 100 | 野菜売の稼ぎ | 1日 | 200文 | 3,300 円 |
| 101 | 寺子屋の月謝＜受講料＞ | 1ヶ月 | 銀 2朱 | 8,250 円 |
| 102 | 一般的な日本刀の値段 | 1本 | 25両 | 1,650,000 円 |

## 氷所太平記の年表

| 元号 | 西暦 | 氷所太平記に記された記録 | 記録のキーワード |
|---|---|---|---|
| | | 一-一三 内裏江六月朔日氷り奉献事 | 文応年中亀山院の時代 |
| | | 一-一九 中川家之事 | 弘安年中に郷士として入村 |
| | | 一-二〇 人見家之事 | 同右 |
| | | 一-二一 馬淵家之事 | 大永年中に郷士として入村 |
| | | 一-二九 伊勢外宮御師之事 | 永禄十二年の事 |
| 天正元 | | | |
| | 一五七五 | | |
| | 一五八〇 | | |
| | 一五八五 | | |

| | | | |
|---|---|---|---|
| 文禄元 | 一五九〇 | 一-一　当村高附御本所代替り之事<br>一-九　古宮ヨリ今の宮山江造営之事<br>附リ鐘鋳石之鳥居之事 | 氷所村は禁裏領と幕府領相給の村で石高は八九二石とある<br>古くは和銅年中に八流の幡が天下りその一流が明神境内の木に掛かり、幡久大明神（後に氷室幡久両社大明神）と呼ぶ |
| 慶長元 | 一五九五 | | |
| | 一六〇〇 | | |
| | 一六〇五 | | |

| 元号 | 西暦 | 氷所太平記に記された記録 | 記録のキーワード |
| --- | --- | --- | --- |
| | 一六一〇 | | |
| | 一六一五 | 一-四二 神吉上村与山論之事 | 山争いの山中で人見甚吉が打ち殺される |
| | 一六二〇 | | |
| 寛永元 | | | |
| | 一六二五 | | |

| | | | | |
|---|---|---|---|---|
| | | | 正保元 | 慶安元 |
| 一六三〇 | 一六三五 | 一六四〇 | 一六四五 | 一六五〇 |

| 元号 | 西暦 | 氷所太平記に記された記録 | 記録のキーワード |
| --- | --- | --- | --- |
| 承応元 | | | |
| 明暦元 | 一六五五 | | |
| 万治元 | | 一-二三　馬淵又左衛門田畑、地頭江上り地之事 | |
| | | 一-二四　家来四郎左衛門江上り田畑配分渡事 | |
| | 一六六〇 | 一-二七　上り地田畑切持之事 | |
| | | 一-三三　当村明神ニ馬淵家桟鋪建候事 | |
| 寛文元 | | | |
| | 一六六五 | 一-一六　瑞雲寺、徳雲庵、永法庵三ケ寺之事 | 日置村の護国寺と出入りに及んだ記録 |
| | | 一-四三　山論立會絵図出来之事 | |

| | | | |
|---|---|---|---|
| | 一六七〇 | 一-四四　氷所村庄屋弐人獄舎被仰付、非分ニ付江戸表江御願ニ罷下り申候事、御八判頂戴之事 | 神吉村との山論によって庄屋二人が投獄、これを救済するため江戸へ直訴 |
| 延宝元 | 一六七五 | 一-五　當村先年御蔵入之分、御検地之事<br>一-四七　山役御年貢上納之事<br>一-六　氷室山瑞雲寺御除地之事 | |
| 天和元 | 一六八〇 | 一-一二　今福一統之事<br>一-二五　馬淵又左衛門長男新之丞より地頭江上り田地之儀ニ付、中川勝介長男次郎右衛門江出入申懸候事 | 元来氷所に在住していた舎人百姓 |
| 貞享元 | 一六八五 | 一-二　往古御天料地頭付、但し法皇様江相渡候事 | 霊元院法皇、仙洞領を相続 |
| 元禄元 | | 一-三　霊元院法皇様御殿料与相成、地頭替り之事 | |

| 元号 | 西暦 | 氷所太平記に記された記録 | 記録のキーワード |
|---|---|---|---|
| | 一六九〇 | 一-七　内裏御庭、御田植之事 | 氷所村の百姓が霊元院法皇の御殿にある荒芝に田植 |
| | | 一-三七 真如庵開基之事 | |
| | 一六九五 | 一-三四 元禄年中氷所村騒動之事 | 村内で幕府領と禁裏領の百姓が年貢高をめぐって対立した事件 |
| | | 一-三五 庄屋中川次郎右衛門閉門の事 | |
| | 一七〇〇 | 一-六一 当村江座頭不立入候事 | |
| 宝永元 | 一七〇五 | 一-三八 宇津弐ケ村より請山之事 | |

| | | | |
|---|---|---|---|
| 正徳元 | 一七一〇 | 一-三六　戸坂新溜池出来之事 | |
| 享保元 | 一七一五 | 一-三九　行者堂開基之事<br>一-五六　下之池浦用水溝ニ付、村中与宝順出入之事 | |
| | 一七二〇 | 一-四〇　中川次郎右衛門新家鋪新宅之事<br>一-三二　伊勢江正、五、九月村中より代参之事<br>一-四五　神吉村与山論、山絵図出来之事<br>一-四八　日置村与水口論出入之事<br>一-四一　中川次郎右衛門、同儀左衛門郷士帯刀御改之事 | 「四つ宝銀」一貫六百目と白米四石（現在の一千万円程度）<br>公儀によって一斉に帯刀の改めが行われた |
| | 一七二五 | 一-五〇　氷所村本郷西氷所と分り、二株ニ相成候事<br>二-九　上之庭之宝殿、大神宮様勧請之事 | |

| 元号 | 西暦 | 氷所太平記に記された記録 | 記録のキーワード |
| --- | --- | --- | --- |
| | 一七三〇 | 一-一七　霊元院法皇様御位牌建立之事 | 霊元院法皇逝去 |
| | | 二-二〇　享保十七子年中國稲虫入季禁之事 | |
| | | 二-八　中川祐介居宅庭木之事 | |
| 元文元 | 一七三五 | 一-四　御所料の内、御蔵入江御振高之事 | |
| | | 一-三〇　松田与吉太夫殿代替リ入部之事 | |
| 寛保元 | 一七四〇 | 二-一〇　美濃田村元明院縁起之事 | |
| 延享元 | 一七四五 | | |

| 年号 | 西暦 | 事項 | 備考 |
|---|---|---|---|
| 寛延元 | | 一-五九　砥石山相稼申候事 | 村内の紅葉山あたりで砥石を採掘 |
| 宝暦元 | 一七五〇 | 一-五一　悪水抜溝筋之儀ニ付、刑部村より出入申懸候事 | |
| | | 一-五三　御公儀御政道之儀ニ付、中川次郎右衛門ケ條書を以、御箱直訴之事 | 京都東御役所（町奉行所）へ箱訴 |
| | | 一-五二　悪水抜溝筋西田村より出入申懸ケ候事 | |
| | 一七五五 | 一-六〇　当村銅山之事 | この記録の中に氷所太平記は明和四年二月に中川祐介が認めると記録されている |
| | | 一-四六　字出會荒芝、神吉上村より開発願之事 | |
| | 一七六〇 | 一-一四　氷室大明神御再興之事 | |
| | | 一-五四　御政道之儀ニ付、中川祐介（次郎右衛門改名）再應御直訴之事 | 中川家の系図に残る次郎右衛門が祐介である |
| | | 一-五五　庄屋儀左衛門組名目銀借用難渋之事 | |
| | | 一-一五　鐘楼堂再建立之事 | |
| 明和元 | | 一-三一　明和元申年伊勢外宮町大火、与吉太夫殿類焼ニ付勧化之事 | |

| 元号 | 西暦 | 氷所太平記に記された記録 | 記録のキーワード |
|---|---|---|---|
| | 一七六五 | 一-一八　瑞雲寺大會之事 | |
| | | 一-二八　家来久兵衛、太左衛門兄弟之者不忠仕置之事 | |
| | | 一-五七　字古是之荒芝開発之事 | |
| | | 二-一　御政道之儀ニ付、中川祐介再三御箱訴之事 | |
| | | 二-三　中川祐介蒙御夢相ヲ、江戸表江御箱直訴之事 | |
| | | 二-二　茶原芝開発之事 | |
| | 一七七〇 | 二-四　明和七寅年世上一統旱魃之事 | 前代未聞の大旱魃、幕府は八〇%の減年貢を認める |
| | | 二-五　明和八卯年前代未聞大旱魃之事 | |
| 安永元 | | 二-六　中川次郎右衛門儀八事、勧進弓的興行事 | |
| | 一七七五 | 二-一一　氷室幡久両社大明神御幣官之事 | |
| 天明元 | 一七八〇 | 二-一二　中川、人見両苗系図帳出来之事 | |

| | | | |
|---|---|---|---|
| | | 二・一五 當村金山之事 | 表書きとは異なり銀山採掘の記録、とても興味深い事件 |
| | | 二・一六 大切之書物儀左衛門へ相渡し候事 | |
| | | 二・一七 女一宮様江相渡り候事 | |
| | | 二・一八 （儀八事） 中川次郎右衛門出家ニ相成候事 | |
| | | 二・一三 明神様御殿御鞘出来之事 | |
| | | 二・一四 氷室様略縁記書抜之事 | |
| | | 二・一九 天明弐寅年稲作悪作ニ付季禁之事 | |
| | | 二・二五 幡久大明神御再興之事 | |
| | 一七八五 | | |
| | | 二・二一 口丹波酒屋、米屋ニ付騒動之事 | 小百姓が徒党を組んで近隣の酒屋、米屋を打ち壊す |
| | | 二・二七 小堀数馬殿御難代被仰付候者天明七年之事 | |
| | | 二・二二 氷室幡久両社大明神拝殿再建之事 | |
| | | 二・二三 京都大火事之事 | 歴史書には鴨川東宮川町団栗辻子の町家から出火とあるが、氷所太平記には三条川原四条下るの両替屋から出火とある |
| 寛政元 | | 二・二六 寛政元酉年旱魃之事 | |
| | 一七九〇 | 二・二四 閑院様焼失後御造営之事 | |
| | | 二・二九 氷室山瑞雲寺再建立之事 | |
| | | 二・二八 戸坂川土砂留御普請之事 | |

| 元号 | 西暦 | 氷所太平記に記された記録 | 記録のキーワード |
| --- | --- | --- | --- |
| | 一七九五 | 二-三〇 宮座へ新田八幡講三拾五人出入申懸ケ候事 | |
| 享和元 | 一八〇〇 | 二-三一 氏守御造営付き棟札之事 | |
| 文化元 | | 二-三二 新田八幡講より再論申懸候事 | |
| | 一八〇五 | 二-三三 吉田殿より明神神主儀ニ付御召之事 | |
| | 一八一〇 | 二-三四 日置村谷川尻之儀ニ付、度々争論之事 | |

| | | | |
|---|---|---|---|
| | | 二・三五　瑞雲寺大般若経発願并紐解之事 | |
| | | 二・三六　上の池堀浚之事 | |
| | | 三・一　日置村ヨリ悪水抜谷川尻ニ付、出入申掛候事 | |
| | 一八一五 | | |
| | | 二・三七　氷室大明神神輿新調之事 | |
| | | 二・三八　明神於社壇桟敷再建之事 | |
| 文政元 | | | |
| | | 三・二五　中川儀左衛門宅再建築、年号、門長屋土蔵出来之事 | この建物の上棟札が見つかり氷所太平記の記録を裏付けした |
| | 一八二〇 | | |
| | 一八二五 | | |

| 元号 | 西暦 | 氷所太平記に記された記録 | 記録のキーワード |
| --- | --- | --- | --- |
| 天保元 | 一八三〇 | | |
| | 一八三五 | | |
| | 一八四〇 | | |
| 弘化元 | | 三-四　御料小堀御支配所大津江引越シ相成候事 | 御所料は小堀御支配から大津御役所へ役替え |
| | 一八四五 | | |
| 嘉永元 | | | |

| | | |
|---|---|---|
| | 一八五〇 | 三-二六 中川治郎右衛門大借に付、諸事売払不相続絶家之事 |
| 安政元 | 一八五五 | 三-七 宇戸坂上ニ新池堤上置出来之事 |
| 万延元<br>文久元 | 一八六〇 | 三-八 従前ヨリ會所屋地跡之処、破損再建之事 |
| 元治元<br>慶応元 | 一八六五 | 三-九 郷蔵大破又ハ村方不弁ニ付河原へ建替之事 |

| 元号 | 西暦 | 氷所太平記に記された記録 | 記録のキーワード |
| --- | --- | --- | --- |
| 明治元 | | 三・一〇 御除料小堀御預リ之處、久美浜へ引渡相成候事 | 明治維新によって行政改革、土地制度、治安、税制、自治改革など大改革が行われた |
| | | 三・一一 御一新ニ付、御料高笹山へ御変更ニ付、引渡之事 | |
| | | 三・二七 中川儀左衛門弟儀十郎建屋出来、分家為致候事 | |
| | 一八七〇 | 三・一二 両御支配共京都府管下ニ相成園部御出張御支配御引渡、穢多非人被廃止候、無苗之者苗字被差許候事 | |
| | | 三・一三 明治四未五月大風ニ付、戸数九軒へ御上ヨリ米御下渡有之候事 | |
| | | 三・一四 字古宮立木売払、学校建営ニ付、代金ヲ以出金之事 | |
| | | 三・一五 地理誌御編集ニ付、地券證御下渡シ相成候事 | |
| | | 三・一六 神社祭神御改ニ相成、村内末社之方悉替御廃止 | |
| | | 三・一七 壱区弐区之内、式内郷社鹿野森被定宮座称廃止之事 | |
| | | 三・一八 番人被廃止壱区之内、五、六名巡査ヲ被立置候事 | |
| | | 三・一九 従前より三ケ寺之處、瑞雲寺壱ケ寺ニ聞済ニ相成、合寺之事 | |
| | 一八七五 | 三・二〇 字戸坂新土砂留御見分之上出来之事 | |

| | | | |
|---|---|---|---|
| | | 三・二一　学校盛大ニ付生徒相増、家鋪替建築致候事 | 小学校への就学児童がいっきに増加したという背景がある |
| | | 三・二二　従前弁米の池床総溝料小前持共買上之事 | |
| | | 三・二三　地租改正ニ付、丈量、等級、収穫米取極ニ付、評価被立置 | |
| | | 三・二九　地租御改正ニ付、新券ト旧券ト交換御下渡シ之事 | |
| | | 三・三〇　中川儀左衛門居宅角取払普請出来仕候事 | |
| | | 三・三一　幡日佐神社御家根換出来之事 | |
| | | 三・三二　区名廃止ニ相成、区長ヲ戸長ト改、村戸長廃止之事 | |
| | 一八八〇 | 三・二八　桑田郡宇津請山、両村へ返済相成候事 | |

「氷所太平記の年表」について

一、氷所太平記に記された合計一三〇件の記録は、本文第一章「二・一　古文書の時代背景」のところで触れたように、九〇%にあたる一一八件は記録された時代が記されているか、あるいは何らかの時代背景が残されている。これら一一八件は、相当古い五件を除いて、天正から明治時代にまたがる三〇〇年にかけての記録である。「氷所太平記の年表」はこれらを残らず一覧表にまとめた。

氷所太平記を読みながら、その記録がどの時代の出来事であったのかを一目瞭然と思い描いてもらえると思う。なお記録された時代がわからない一二件はこの表から割愛した。

二、「氷所太平記」はすべて元号年数によって記録されているが、これを「氷所太平記の年表」に編集する際に西暦年数との対比を行った。元号が改元されたとき、多くの歴史書は改元が布告された時点で布告された年の元旦にさかのぼって新元号の元年とみなすいわゆる「立年改元」で表記することが多いが、「氷所太平記」は布告の年の末日までを旧元号とし翌年の元日から新元号とするいわゆる「越年改元」によって表記されたようである。
大きな問題ではないが、「氷所太平記」の元号年数は多くの歴史年表に記された元号年数に比べると一年程度の差があることを否めない。特に改元の年の記録がこれに該当するが、「氷所太平記の現代語訳」では本文中にことわりをつけてあえて「氷所太平記」の表記を優先させた。

## 参考文献


＊高尾善希著『やさしい古文書の読み方』2011 年（日本実業出版社）

＊児玉幸多編『くずし字解読辞典』2014 年（東京堂出版）

＊児玉幸多編『日本史年表・地図』2012 年（吉川弘文館）

＊八木町史編集委員会編『図説　丹波八木の歴史　第一巻　考古・地理・文化財編』2012 年（南丹市）

＊八木町史編集委員会編『図説　丹波八木の歴史　第二巻　古代・中世編
2013 年（南丹市）

＊八木町史編集委員会編『図説　丹波八木の歴史　第三巻　近世編』201
年（南丹市）

＊八木町史編集委員会編『図説　丹波八木の歴史　第四巻　近代・現代編
2013 年（南丹市）

＊中川興史著『中川興史自叙伝「己事記」』2013 年（風詠社）

＊岩井文男著『丹波地方に於ける基督教の受容（三）－氷所部を中心として－
1959 年（基督教研究会）

＊『日本大百科全書』（小学館）

＊『歴史評論 368』1981 年（歴史科学協議会）

＊『社会経済史学 19 巻 2・3 号』1953 年（社会経済史学会）

＊覚了書『幡久大明神縁起』1740 年（愛宕山教斉精舎泰和）

＊『星解』1770 年（三重県松阪市提供）

ほか

〈著者紹介〉

中川　興史（なかがわ　こおし）

1944年、京都府船井郡（現南丹市）八木町氷所生まれ。

1954年、家族と共に大阪府池田市に転宅。池田高等学校を卒業後、大阪大学工学部電気工学科に入学。

1967年、大学卒業と同時に関西電力㈱に入社。黒部川第四発電所長などを経て、NEDO（新エネルギー・産業技術総合開発機構）太陽技術開発室長などを歴任。

2009年、グループ会社の関電プラント㈱の監査役を最後に42年間の電力事業への奉職を退職。この間電力系統の計画、建設および保守を中心とした技術業務ならびに電力技術の研究開発を統括。

2015年、『中川興史自叙伝「己事記」』出版。

氷所太平記

2018年2月9日　第1刷発行

著　者　中川興史
発行人　大杉　剛
発行所　株式会社 風詠社
〒553-0001　大阪市福島区海老江5-2-7
ニュー野田阪神ビル4階
TEL 06（6136）8657　http://fueisha.com/
発売元　株式会社 星雲社
〒112-0005 東京都文京区水道1-3-30
TEL 03（3868）3275
装幀　2DAY
印刷・製本　シナノ印刷株式会社

ISBN978-4-434-24093-5 C3021